기후위기, 과학이 말하다

우리는 고집불통 삼촌의 마음을 바꿀 수 있을까?

기후위기, 과학이 말하다

우리는 고집불통 삼촌의 마음을 바꿀 수 있을까?

존 쿡(SkepticalScience.com의 설립자) 지음 | 홍소정 옮김

이 책이 나올 수 있도록
편집과 디자인을 돕고, 사랑과 응원을 보내준
나의 소중한 웬디에게

『기후위기, 과학이 말하다: 우리는 고집불통 삼촌의 마음을 바꿀 수 있을까?』에 대한 찬사의 글

사람들은 저에게 늘 물어보곤 합니다. '기후변화 부정론자들의 주장이 틀렸음을 알려주는 가장 좋은 자료가 무엇인가요?'라고요. 이제 저에겐 간단한 답이 있어요. 존 쿡의 새로운 책, 『기후위기, 과학이 말하다』를 구입하세요!

마이클 맨 교수
『정신병원 효과』, 『하키 스틱과 기후 전쟁』 저자

이 유쾌한 책은 여러분이 가진 여러가지의 긴급한 많은 질문들에 대한 답을 줍니다. 괴짜 조 삼촌이 부활절 만찬 중에 '기후변화는 진보주의자들의 사기'라고 우길 때, 뭐라고 할지와 같은 대답 말입니다. 이 책이 있어서 참 다행입니다!

나오미 오레스케스 교수
『의심을 파는 상인』, 『서구 문명의 붕괴』 저자

기후 과학과 그 영향, 그리고 이에 맞선 흔한 논쟁을 다룬 사실에 기반한 이 재미있는 책, 여러분에게 정보를 전달해 주고, 재충전시켜 줄 것이며, 후속작 『고집불통 삼촌과 기후위기 대응』을 기대하게 만들 겁니다. 무척 기다려지네요!

캐서린 헤이호 교수
텍사스 텍 대학

이 책을 읽으면서 기후 과학의 많은 것을 배우고 있다는 사실을 잊어버리기 쉽습니다. 매우 유머러스하게 잘 쓰였기 때문이죠. 강력하게 추천합니다.

앤드류 데즐러 교수
텍사스 A&M 대학

『기후위기, 과학이 말하다』는 기후 과학과 부정론의 심리에 대해 배울 수 있는 재미있는 책입니다. 만화를 읽어 왔다가 과학을 배워갈 수 있습니다!

다나 누치텔리
『기후학 대 사이비 과학』 저자

『기후위기, 과학이 말하다』는 기후 문제를 잘 모르는 사람들을 가르쳐주기 위해 기후 회의론자에게 일종의 악역을 맡기고 있습니다. 이 책은 재치 있고, 냉소적이고, 깨우침을 주며 마음을 사로잡습니다.

마이클 오펜하이머 교수
프린스턴 대학

정말 재미있어요! 명쾌하게 제시된 과학과 큰 웃음을 주는 유머의 경이로운 조합입니다. 쿡의 만화는 기후 과학 마니아를 웃길 만한 그들만의 농담을 충분히 제공하면서, 여러분이 좋아하지만 앞뒤가 꽉 막힌 사람에게 일침을 놓을 수 있도록 도와줄 거예요. 전 이 책을 정말 좋아합니다.

수잔 하솔
클라이멧 커뮤니케이션 디렉터

삽화로 그려진 가이드를 통해 존 쿡은 우리가 일상에서 잘 아는 "고집불통 삼촌"의 앞뒤가 맞지 않고, 근거 없고, 거짓되며 모순되는 주장들을 적절하게 콕콕 찔러 대며, 그것들에 주목하게 합니다. 이 책은 웃음과 배움 두 가지를 위한 레시피를 제공합니다.

맥스 보이코프 교수
『누가 기후를 대변하는가?』 저자

존 쿡은 마음 편히 즐길 수 있는 유머와 매력적인 삽화의 힘을 활용하여, 우리 중의 제일 초보자조차 기후변화 부정론이 어떻게, 그리고 왜 과학을 잘못 알고 있는지 더 잘 이해하도록 도와줍니다.

아론 맥크라이트 교수
『위험에 처한 사회』 저자

존 쿡은 세계 최고의 기후 과학 커뮤니케이터 중 한 사람입니다. 이 유쾌한 책은 기후변화 부정이라는 비도덕적이고 수사학적인 늪을 소독해 줄 빛을 비추겠다는 약속에 충분히 부응합니다.

스테판 류안도스키 교수
브리스톨 대학

사람들이 기후변화에 관한 답하기 어려운 대화들을 이해하도록 도와주는 존 쿡의 또 하나의 매력적인 공헌입니다. 레고를 이용해 해양 산성화를 설명한 것은 정말 훌륭해요!

오브 호-굴드버그 교수
글로벌 인스티튜트 디렉터

존 쿡의 새 책은 우리 모두가 웃으며 배울 수 있게 도와줍니다. 그러면서 이해하거나 답하기 어려운 대화들을 서로 소통하고 공감할 기회로 변화시킵니다. 이 책을 읽은 뒤 저도 제 삼촌과 대화를 나눌 겁니다.

사라 마이어 박사
워싱턴 대학

지구온난화와 기후변화, 그리고 회의론자들

우리의 행성 지구가 폭염과 폭우, 초강력 태풍과 긴 장마, 가뭄과 대형 산불 같은 이상 기후로 신음하고 있다. 최근 들어 이 같은 기후 문제가 더 심각해지는 이유는 뭘까? 기후 과학자들의 97%는 인간이 초래한 지구온난화로 기후변화가 일어나고 있다는 데에 동의하고 있다. 그러나 가짜 정보에 현혹되어 과학 전문가들의 말을 믿지 않는 사람들도 없지 않다. 이 책의 저자 존 쿡(John Cook)은 그런 과학 부정론자를 '고집불통 삼촌'으로 설정하여 그를 설득하고 기후변화를 이해시키려고 한다.

잘못된 정보의 파도에 휩쓸려 기후 과학을 받아들이지 않고 기후변화에 반대하는 사람들이 있다. 잘못된 정보 말고도 기득권, 정치적 양극화, 기후변화의 전지구적 성격도 기후변화 부정론에 영향을 끼치고 있다. 태양활동도 기후변화의 요인으로 작용할 수 있다는 속설도 있다. 그러나 지난 수십 년간 지구 온도와 태양활동은 반대 방향으로 움직였다. 태양이 식을 때 오히려 기온이 더 올라간 것이다. 존 쿡의 매력적인 책 『기후위기, 과학이 말하다』는 기후 문제가 어떻게 논란거리가 되었는지 설명해주고, 잘못된 정보의 결함을 드러내고, 과학 부정론에 대한 대응 방법을 보여준다. 그러면서 여러 연구조사를 동원해 이런 과학 부정론을 뿌리 뽑기 위해 이 책을 썼다고 밝힌다.

기후가 과거에 자연적으로 변화해왔기 때문에, 현재의 온난화 역시 자연적인 것이라는 속설이 있다. 그러나 과거에 기후가 자연적으로 변화했다고 해서 지금도 기후변화가 자연적인 것은 아니다. 과거의 자료를 보면 우리는 기후가 온실가스 배출로 야기되는 열을 포함해서 열의 변화에 민감함을 알 수 있다. 겨울에 눈이 내리거나 날씨가 추워지면 지구가 빙하기로 접어들고 있다는 주장을 하는 사람도 있다. 이는 태양활동이 기후변화에 미치는 영향력을 잘못 설명하고 있다. 과학자들의 연구에 의하면 현대 기후변화의 주원인은 온실효과이다.

그럼 지구온난화란 무엇인가? 석탄과 석유 같은 화석연료를 사용하기 시작하고, 산불 등에 의해 이산화탄소의 양이 증가함에 따라 온실 효과가 강화되어 지구 기온이 높아지는 현상을 말한다. 그로 인해 홍수가 일어나 해수면이 상승하고 해안 저지대가 침수한다. 반면 내륙 지방은 사막화가 진행되어 물 부족 현상이 생김으로써 식량 생산량이 감소하고 감염병 증가가 우려되기도 한다. 지구온난화가 발생하는 이유는 이처럼 인류가 화석연료에 의존해 경제성장을 추구한 결과이다. 이로 인한 기후 변화로 생태계 파괴와 자원 부족 현상이 초래되어 악순환이 거듭되고 있다.

미국에서 보수적 정당과 화석연료 산업은 동맹을 맺었고, 1990년대 초부터 화석연료 그룹은 기후 과학에 의혹을 갖도록 수십억의 달러를 보수 단체들에 쏟아 부었다. 화석연료 기업 내의 과학자들은 화석연료를 태우는 것이 기후 변화를 야기한다는 것을 알아냈다. 하지만 이 기업들은 거짓 정보를 뿌리는 데에 막대한 돈을 투자했고, 보수적 단체들은 화석연료를 태우는 것이 기후변화와 무관하다고 주장했다. 이런 효과적인 동맹 관계는 기후 변화를 양극화된 대중적 논쟁으로 변화시켰다.

온실효과를 일으키는 기체로는 화석연료를 연소시킬 때 발생하는 이산화탄소 이외에 축산 폐수에서 발생하는 메탄, 과용된 질소 비료가 분해되면서 발생하는 아산화질소, 수증기 등이 있다. 수증기도 온난화를 심화시킨다. 온난화로 수분 증발이 증가하고 더 많은 수증기가 대기 중에 추가되어, 더해진 수증기가 온실가스로서 온난화를 더욱 초래하는 것이다. 온실효과를 일으키는 이런 기체들을 온실기체라고 한다.

그런데 온실효과와 같은 기본 물리학마저 부정하는 이들도 있다. 속설 중 한 가지는 이산화탄소의 대기 중 비율이 아주 적어서 큰 영향을 미칠 수 없다는 것이다. 적은 양의 활성화된 물질이라도 큰 영향을 끼칠 수 있기에 그 주장은 옳지 않다. 또 이산화탄소가 눈에 보이지 않기 때문에 무해하다는 주장도 있다. 그러나 눈에 보이지 않는다고 무해한 것은 아니다. 눈에 보이지 않지만 우리의 삶에 영향을 끼치는 라돈, 세균, 중력 등이 있지 않은가.

지구온난화는 사회와 환경 전반에 걸쳐 부정적인 영향을 준다. 녹고 있는 빙하는 물 공급을 위협하고, 수억 명의 사람들은 증가하는 해안가의 침수에 영향을 받는다. 그런데 지구온난화 부정론자들은 지구온난화 덕분에 적도에서 멀리 떨어진 일부 지역들이 농업 면에서 더 생산적이 될 수 있다고 주장한다. 그러나 이것은 다른 지방들은 과도한 온난화로 어려움을 겪을 것이고, 농업에 미치는 총체적인 영향은 부정적일 것임을 무시하는 발언이다.

따뜻해진 바다는 허리케인에 더 많은 에너지를 공급해주어 더 강력하게 만든다. 날씨는 주사위 던지기놀이처럼 예측하기 어렵지만 지구온난화는 다양한 종류의 기상 이변의 발생률과 강도를 증가시킨다. 폭염은 더 뜨거워지고, 오래 지속되고, 그리고 더욱 자주 발생한다. 지구온난화로 인해 세계적으로 폭염이 과거보다 훨씬 많이 발생하고 있다.

부정론자들은 증가하는 폭염의 위험으로부터 주의를 딴 데로 돌리려고 한다. 그들은 폭염이 과거에도 발생했기 때문에 현재의 폭염이 지구온난화에 영향을 받지 않는다고 주장한다. 이는 담배 발명 이전부터 인간이 암으로 죽었으니 흡연은 암을 일으키지 않는다는 주장과 같다. 그러나 폭염은 역사에 걸쳐 일어났지만, 지구온난화가 폭염 빈도를 높이며, 그 위험은 앞으로 더욱 증가할 것이라고 과학은 우리에게 명백한 메시지를 보내고 있다.

또한 지구온난화는 더 많은 수분을 공기 중에 더하여 더욱 강한 폭우와 홍수를 일으킨다. 허리케인은 따뜻해지는 바다로부터 더 많은 에너지를 끌어들여 바람의 세기가 더욱 강해진다. 그로 인한 폭풍 해일은 지구온난화로 상승한 해수면 때문에 더욱 파괴적이 된다. 부정론자들은 허리케인의 활동이 적었던 시기들을 가리키며 지구온난화가 허리케인에 미치는 영향을 무시한다. 그들은 지구온난화로 허리케인이 더욱 강력해지긴 하지만 더욱 빈번하게 만들지는 않는다면서, 허리케인의 숫자에 집중해 허리케인이 더욱 강력해지는 사실로부터 주의를 딴 데로 돌리고 있다.

식물은 잘 자라려면 적절한 양의 물이 필요하다. 기후변화는 그 균형을 뒤엎는다. 부정론자들은 '이산화탄소가 식물의 음식'이므로 온난화 현상이 식물들에게 좋을 것이라 주장하면서 부정적인 영향을 애써 무시한다. 또한 북극의 해빙이 녹고 있어 북극곰의 사냥 가능성과 생존이 위협받게 된다. 얼음이 가장 많이 녹고 있는 북극 지역에서 북극곰 개체 수가 줄어드는 것으로 봐서, 지구온난화와 얼음이 녹는 현상, 그리고 북극곰이 받는 위협 사이의 연관성은 명백하다.

자연환경이 변하면 생물 종들은 살아남기 위해 진화해야 한다. 이런 진화 과정의 변화는 수천 년이 걸린다. 그러나 우리가 수십 년간 급격한 기후변화를 일으키고 있어서 지구상의 생물 종들은 미처 따라가지 못하고 있다. 기후가 너무 빠르게 변화하면 생물 종들은 멸종하고 마는 것이다. 생물 종들이 지구의 변화하는 기후에 간단히 적응할 수 있을 것이라고 하지만, 생물 종들이 어느 환경에 적응할 수 있다고 해서 그 어떤 새로운 상황에도 적응할 수 있는 것은 아니다.

'기후변화에 관한 정부 간 협의체'(IPCC)는 기후변화와 관련해 과학을 평가하고 요약한다. 1990년부터 그들은 다섯 개의 보고서를 발표했다. IPCC는 북극의 해빙이 녹는 속도를 실제보다 훨씬 더디게 진행될 것이라고 예측했다. 그런데 해수면 상승이 예상했던 것보다 더욱 빠르게 가속화되었다. 그럼에도 불구하고 기후 과학자들과 IPCC는 종종 지구온난화의 위험을 과장하며 불안을 조성한다는 누명을 쓰곤 한다. 이 속설은 IPCC가 기후 영향을 과대평가하는 드문 예들을 자기 입맛대로 고르고 있다.

기후 부정론자들은 불확실성이 있으므로 우리가 아무런 행동도 취하지 않아야 한다고 주장한다. 그러나 우리가 정확한 위험 수치를 모른다고 해서 위험이 존재하지 않는 것은 아니다. 불확실하다는 것은 상황이 더 심각할 수 있다는 뜻이다. 기후 부정론자들은 수십 년간 과학적 합의에 의혹을 제기해왔다. 왜 합의를 공격하는 걸까? 공화당 전략가인 프랭크 런츠는 공화당 정치가들에게 과학적 합의에 의혹을 제기하라고 조언했다. 그렇게 뿌려진 수십 년간의 잘못된 정보는 과학적 합의에 타격을 주었다. 그 결과 일반 대중은 기후 과학자들 중 인간이 초래한 지구온난화에 동의하는 비율이 97%가 아닌 67%밖에 안 된다고 잘못 생각하고 있다.

그럼 기후변화 부정론자인 고집불통 삼촌의 마음을 바꾸기 위해 우리는 어떻게 해야 할까? 과학 부정론자를 설득하기란 쉬운 일이 아니다. 부정론자들은 반대의견을 내는 목소리가 주류의 기후 과학자들보다 전문성을 띤다고 생각해 거짓 전문가에게 의지한다. 대중이 세계 기후 과학자들의 커뮤니티에 동의하지 않는다면 음모론과 가짜 뉴스는 어쩌면 불가피하다. 기후에 대해 잘못된 정보를 소리 높여 전하는 또 다른 소스는 일부 보수적 언론 매체이다. 그러니 사람들에게 진상을 알려 그들을 오도하려는 시도를 알아보도록 가르치고 비판적 사고를 키우는 것이 필요하다.

독일 베를린에 MCC란 연구소 홈페이지에는 지구 온도가 2℃·1.5℃ 상승할 때까지 남은 기간을 알려주는 '탄소 시계'가 있다. 9월 1일 기준으로 2℃ 상승까지 25년 1개월, 1.5℃ 상승까지는 7년 4개월 남았다. 그런데 탄소 시계의 시간은 현실보다 빠르게 진행되고 있어서 카운트 다운 속도는 예상보다 빨리 다가올 수 있다. 그러기에 2015년 파리협약을 통해 지구 평균 온도 상승폭을 2°보다 낮게 유지하고, 더 나아가 1.5°로 제한하자고 약속했지만, 그것이 무색해지고 있다. 기후 과학자들은 지구 평균 기온이 2° 이상 상승할 경우 시베리아 영구동토층(지층의 온도가 연중 0℃ 이하인 부분. 땅속이 1년 내내 언 상태로 있는 지대를 말한다), 남극과 그린란드 대륙 빙하의 해빙이 가속화되어 더 이상 기후변화의 예측과 제어가 불가능해질 것으로 보고 있다.

이런 위기 상황에서 우리 정부는 기후변화에 어떻게 대응하고 있는가? 환경부가 집계한 2017년 대한민국의 온실가스 배출량은 세계 7위 수준이고, 배출량 증가율도 OECD 국가 중 최고이다. 특히 석탄 발전 비중은 지난해 기준 40.8%로 OECD 국가 평균(22.2%)보다 두 배 가까이 높다. 지난해 말 국제민간단체가 평가한 전 세계 주요 국가의 기후변화대응 지수(CCPI) 순위에서 한국은 61개국 중 58위였다. 정부가 최근 발표한 '그린뉴딜(Green New Deal, 기후 위기 및 환경문제에 대응하는 '그린'과 국가 주도의 대규모 경기부양정책 '뉴딜'의 합성어. 저탄소 경제구조로 전환하면서 고용과 투자를 늘리는 정책을 말한다)'에도 녹색 성장에만 치우쳐 온실가스 감축 목표가 빠져 있다.

이 책은 이처럼 기후 과학 부정론의 문제점을 살펴보고 있다. 기후변화를 부정하는 사람들이 있다는 것은 참으로 유감스러운 일이다. 기후변화에 대처할 단 하나의 마법의 탄환은 존재하지 않는 만큼 이는 복잡하고 까다로운 문제이다. 궁극적으로, 기후변화에 대한 부정은 해결책에 대한 혐오로부터 일어난다. 이제 문제 자체를 부정하는 것이 힘들어지자, 기후 해결책에 의혹을 제기하는 많은 속설과 거짓 주장이 더욱 널리 퍼지고 있다. 기후위기 대응에 대해서는 존 쿡의 후속작 "고집불통 삼촌과 기후위기 대응"에서 다루려고 한다. 그러니 그 책을 기대해 봐야겠다.

"지구를 다시 쿨하게"
MAKE EARTH *COOL* AGAIN

| 차례 |

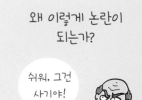

① 기후변화는 어떻게 논란거리가 되었는가?   19

② 현실 부정하기   43

인류의 지문

누구, 나?

지구온난화는 우리에게
어떤 영향을 미치는가?

내가 왜 신경
써야 하지?

5 과학 부정하기

기후 과학은 어떻게
공격당하는가?

그럴 만했지!

6 과학 부정론에 대응하기

과학 부정론에 대해
무엇을 할 수 있는가?

아무것도 없지 뭐,
정말로.

기후 과학 부정론 이해하기

우리는 기후변화에 대한 정보 폭격을 맞고 있다. 한편으로는 인간이 초래한 지구온난화가 일어나고 있다는 사실과 과학적 증거가 산더미처럼 쌓여 있다. 기후 과학자들의 97%는 우리가 기후변화를 일으키고 있다는 데 동의하면서, 전문가로서 압도적인 합의를 보이고 있다.

다른 한편으로는 우리는 기후 과학에 의혹을 제기하는 거대한 속설의 산더미에 직면해 있다. 가짜 뉴스는 사람들이 진짜 뉴스로부터 멀어지게 할 수 있으므로, 잘못된 정보는 무시할 수 없는 문제이다.

우리는 잘못된 정보에 대응해야 한다. 하지만 어떻게 해야 할까? 부정론 수법을 소독해줄 햇빛을 비춤으로써 대응할 수 있다. 우리가 어떻게 오도되고 있는지 알면 잘못된 정보는 힘을 잃을 것이다.

『기후위기, 과학이 말하다』는 기후 문제가 어떻게 논란거리가 되었는지 설명해주고, 잘못된 정보의 결함을 드러내며, 과학 부정론에 우리가 어떻게 대응할 수 있을지 보여줄 것이다.

기후변화는 어떻게
논란거리가 되었는가?

1988

2012

기후변화: 심리적 '퍼펙트 스톰'

인간의 뇌는 기후변화와 같은 위협에 대응하기에는 적합하지 않다. 수백 만년 동안 우리는 수풀에서 달려드는 포식자와 같은 목숨을 위협하는 위험을 피하도록 진화해왔다. 우리는 즉각적이고 단기적인 위험을 빠르게 감지하고 피하며 생존해왔다.

반대로, 지구온난화는 전지구적 크기로 천천히 벌어지는 재앙이다. 우리의 뇌는 일생에 걸쳐 벌어지는 행성의 위기에 대응하도록 설계되어 있지 않다. 사람들이 기후변화가 얼마나 위험한지 인지하는 데 어려움을 겪는다는 사실은 놀라운 일이 아니다.

이런 모든 어려움 가운데서, 우리는 기후변화에 대한 거대한 잘못된 정보의 파도에 휩쓸리고 있다. 기득권, 정치적 양극화, 기후변화의 전 지구적 성격, 그리고 잘못된 정보가 합쳐져 심리적 '퍼펙트 스톰(perfect storm, 여러 나쁜 상황이 겹쳐 일어나는 최악의 상황)'을 만들어, 사람들이 기후 과학을 수용하고 기후 운동을 지지하는 것을 막는다.

대중의 관점에서 보면, 잘못된 정보의 쓰나미는 과학적인 논쟁으로 비친다. 우리는 TV나 SNS에서 전문가와 반대의견을 가진

사람들이 전문용어를 남발하는 것을 듣고, 과학자들이 아직도 인간이 지구 온난화를 야기하는지와 같은 기본적인 질문도 해결하지 못했다고 추정하게 된다.

이런 논란의 겉모습은 인간이 초래한 지구온난화에 대한 우리의 과학적 이해가 한 세기가 넘는 연구조사에 의해 형성되었다는 사실을 숨기고 있다. 과학적 확신은 여러 갈래의 증거들이 모두 하나의 결론을 향해 가리킬 때 가장 강력하다. 우리는 이것을 기후변화에서 관찰할 수 있다.

인간이 초래한 지구온난화와 맞아 떨어지는 특수한 패턴, 달리 말하면 '인류의 지문'이라 알려진 패턴이 온 사방의 우리 기후에서 관찰되고 있다. 이런 증거들은 기후 과학자들 사이에서 압도적인 의견 일치로 이어졌다.

* 권계면(tropopause): 대류권(대기권의 최하층)과 성층권(대류권과 중간권 사이의 대기층) 사이의 경계면. 높이는 평균적으로 약 12Km이다.

기후변화에 관한 과학적 합의

1990년부터 '기후변화에 관한 정부 간 협의체'(IPCC)는 기후변화에 관한 과학적 연구조사를 분석하기 위해 세계 최고의 기후 전문가들을 소집했다. 이들은 기후변화에 대한 가장 최근의 과학적 이해를 요약한 새로운 보고서를 정기적으로 발행했다.

증거자료가 점점 더 쌓이면서, 인간이 지구온난화를 초래한다는 IPCC의 확신은 더욱 강해졌다. IPCC는 1995년 처음 인간이 지구 기후에 영향을 준다는 결론을 내렸다. 2013년에 발행된 가장 최근의 IPCC 보고서에서는 20세기 중반부터 관찰되어 온 지구온난화의 대부분을 인간이 초래했을 가능성이 "농후하다"(95% 확신한다는 뜻이다!)고 말한다.

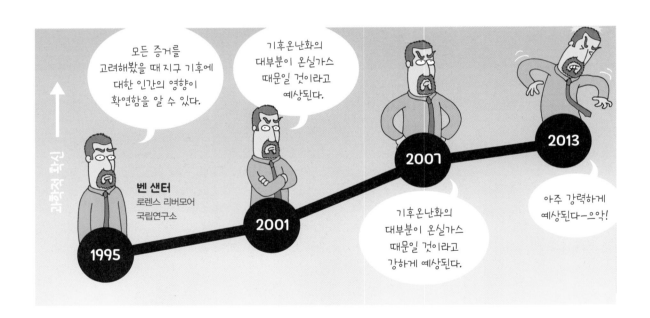

IPCC 보고서에 요약된 모든 증거를 토대로 하면, 인간이 지구온난화를 초래했다는 것에 기후 과학자들의 97%가 동의함으로써 압도적인 과학적 의견 일치를 보고 있다.

기후 과학자들의 **97%** 는 우리가 지구온난화를
초래하고 있다는 사실에 동의하고 있다.

수십 년 동안 기후변화에 관한 과학적인 합의뿐만 아니라 정치적 합의도 있었다. 1980년에는 공화당 대표였던 조지 H. W. 부시가 기후변화에 맞서 싸우기로 서약했다.

그렇다면 양당 이슈가 어떻게 당파적이 되었을까? 이 이야기는 1980년대 말에 시작한다. 세 명의 물리학자가 흡연과 암을 연결 짓는 과학, 산성비의 실체, 오존층 구멍의 심각성, 그리고 지구온난화 현상을 공격하기 시작했다. 요약하자면, 그들은 기업들이 대중의 건강과 환경에 해를 끼친다는 과학적 증거의 신빙성을 떨어뜨리려고 한 것이다.

이 과학자들은 왜 과학에 등을 돌렸을까? 명백한 용의자는 돈이지만, 그들의 동기는 더욱 복잡한 것으로 밝혀졌다. 그들은 자유 시장원리주의(신자유주의)라고 불리는 신념체계를 따랐다. 이 이념은 자본주의와 개인의 자유는 서로 떼어놓을 수 없게 연결되어 있다고 본다. 담배에 매겨지는 관세같은 조그만 규제마저도 계속 늘어나는 규정의 미끄러운 경사면의 시작이 될 수 있다. 그리하여 정부가 우리 삶의 모든 부분을 통제하는 결과에 이를 수 있다는 것이다.

> 우리가 위험…을 규제하는 정부의 역할을 신중하게 기술하지 않는다면, 정부가 우리의 삶을 궁극적으로 얼마나 통제할 수 있을지에 대한 한계가 없는 것이나 마찬가지입니다.

S. 프레드 싱어

미끄러운 경사면 오류*

기후변화에 대한 논란은 과학의 문제가 아니다. 이것은 대중을 보호하기 위해 정부가 시장을 얼마만큼 규제해야 하는지의 문제이다. 자유시장을 믿는 사람들은 과학의 영향을 싫어하기 때문에, 처음부터 문제가 있다는 것을 부정한다.

🛝 미끄러운 경사면

미끄러운 경사면 오류는 조그만 행동을 취하는 것이 결국에는 커다란 (그리고 종종 터무니없는) 결과에 이를 수 있다고 주장한다. 이것은 하나의 일이 반드시 다른 일로 이어진다고 잘못 추정하는 것이다.

> 네가 박사학위를 따지 않는다면…

> 찢어진 청바지를 입고 길바닥에서 살게 될 거야!

내가 만화의 길로 들어가려고 생각했을 때 나의 아버지가 실제로 했던 주장

> **이것은 과학적 논쟁이 아닌 정치적 논쟁입니다. 그러나 과학적 논쟁처럼 보이게 만든 정치적 논쟁입니다.**

나오미 오레스케스 교수
하버드 대학

* 일명 도미노의 오류다. 미끄럼틀을 한번 타기 시작하면 끝까지 미끄러져 내려간다는 점에서 연쇄반응 효과의 오류라고 할 수 있다.

이념과 산업계의 불순한 동맹

보수 정당이 기후변화에 대한 대응을 이끌 당시, 그들에게는 화석연료 산업에 막강한 동맹자들이 있었다. 이들의 이윤은 자기들 제품을 계속 태우는 것에 달려 있었다. 1990년대 초부터 화석연료 그룹은 기후 과학에 의혹을 가지도록 단체들에 수십억 달러를 쏟아 부었다.

처음 수십 년 동안 화석연료 기업 내부의 과학자들은 화석연료를 태우는 것이 기후변화를 야기한다는 것을 알아냈다. 그러나 과학에 대한 행동을 취하는 대신, 이 기업들은 거짓 정보를 뿌리는 데에 투자했다. 이들은 기업 대변인보다 신뢰가 가는 메신저처럼 보이는 보수 단체에 수십 억 달러를 쏟아 부었다.

이런 동맹관계는 아주 효과적이었다. 수십 년 넘게 그들은 기후변화를 양극화된 대중적 논쟁으로 변화시켰다. 이는 불순한 동맹에 의해 연료를 공급받은 '퍼펙트 스톰'이었다.

로저 코헨
엑손 과학자

화석연료 산업이 알았던 것과
화석연료 산업이 한 것

화석연료를 태우면서 내뿜는
이산화탄소를 통해 인류가 지구 기후에
영향을 미칠 것이라는 것에는 보편적인
과학적 동의가 존재합니다.

제임스 블랙
엑손(Exxon), 1977

현재로는 인간의 활동이
지구 기후에 큰 영향을
미치는지에 대한 과학적 증거가
불충분합니다.

리 레이몬드
엑손(Exxon), 1977

지구온난화가 감지될 때 쯤엔
상황을 안정시키는 것뿐만 아니라 그 영향을
감소시키기 위한 효과적 대응 방안을
실행하기에도 너무 늦을 것입니다.

쉘(Shell) 보고서, 1981

평범한 시민들이 기후 과학의
불확실성에 대해 '이해'할 때
우리는 승리할 것입니다.

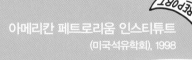

아메리칸 페트로리움 인스티튜트
(미국석유학회), 1998

우리의 보고서의 결과는
대기권의 증가된 이산화탄소가 기후에
미치는 영향에 대한 과학적 의견
합의와 일치합니다.

리세기와 그 이후에 기후가 어떻게
변할지에 대해 우리가 모르는 게 많다는
사실에 다같이 동의합시다.

로저 코헨
엑손(Exxon), 1982

리 레이몬드
엑손(Exxon), 1977

의심을 파는 담배 산업의 전략

보수적 싱크 탱크들은 과학을 어떻게 공격했을까? 그들은 의심을 팔았다. 그들은 불확실성을 강조했다. 그렇지만 인정할 것은 인정해야 한다. 기후에 관한 잘못된 정보제공자들이 이 각본을 발명한 것은 아니었다. 그들은 동일한 수법을 써서 흡연을 암과 연결 짓는 과학적 연구를 의심했던 담배 산업으로부터 이 전략을 빌려왔다.

화석연료 산업은 담배 산업과 같은 수법을 썼을 뿐만 아니라 심지어 같은 사람들 중 몇명을 고용하기도 했다! 담배가 건강에 미치는 영향과 담배 사이의 관계에 처음으로 의혹을 제기한 세 명의 물리학자들이 산업 활동에 의한 모든 환경적 영향에도 의혹을 제기하기 시작했다.

동일한 사람들이 만든 똑같은 전략을 재활용하는 것을 보면, 의심을 파는 산업이 결코 다른 산업에서 적용되지 않았다고는 말할 수 없을 것이다!

거짓 정보 캠페인은 너무나도 효과적이었다. 지난 수십 년 동안 미국인들은 기후변화를 두고 더욱 양극화되었다. 민주당원 사이에서는 지구온난화가 일어나는 사실을 받아들이는 사람들이 늘어난 반면, 공화당원들은 반대 방향으로 움직여 왔다.

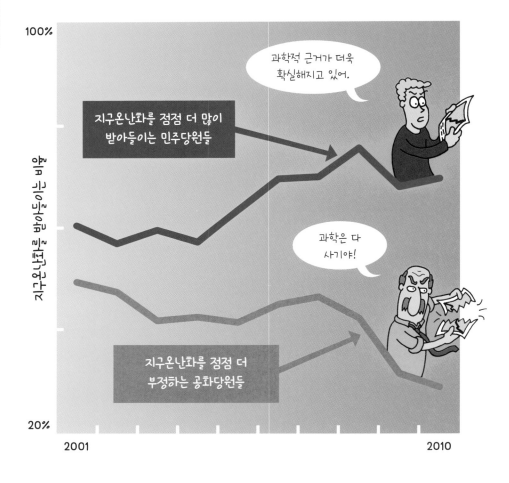

기후변화는 정치적 성향이 이 주제에 대한 사람들의 관점에 영향을 미치는 가장 큰 요인이 될 만큼 양극화되었다. 우리가 기후 과학에 대해서 어떻게, 그리고 무엇을 생각하는지는 교육, 수입, 성별, 또는 나이보다도 우리가 어디에 투표하는지에 영향을 받는다. 불행하게도 기후변화는 당파적 문제가 되었다.

심리학 연구조사는 거짓 정보 캠페인이 크나큰 영향력이 있었다는 것을 보여준다. 이것은 사람들에게 기후변화에 대한 메시지와 그에 따른 대응을 제시한 한 조사에서 잘 드러났다. 규제가 따르는 해결책을 제시했을 때, 보수파는 과학을 부정했다. 원자력이 수반된 해결책을 제시했을 때는 과학을 받아들였다. 그들이 과학을 받아들일지의 여부는 그들에게 제시된 기후변화에 대한 대책을 받아들이는지에 달려 있었다.

대부분의 사람들에게 이런 과학의 부정은 잠재의식의 층에서 일어난다. 그러나 이것은 숨겨진 의도를 그대로 말하곤 하는 도널드 트럼프가 가장 공공연하게 드러내고 있다. 그는 인간이 얼마만큼 지구온난화를 일으키는지에 대한 자신의 입장은 그로 인한 자신의 회사 지출이 얼마나 될 것인지에 달렸다고 노골적으로 설명한다.

우리의 지도자가 하는 말은 중요하다. 우리의 정치 지도자가 그릇된 정보를 퍼뜨리면 기후변화에 대한 대중의 수용은 그에 따라 움직인다. 만약 도널드 트럼프가 기후 과학을 공격하는 대신 지지했다면 어떠했을지 상상해 보자….

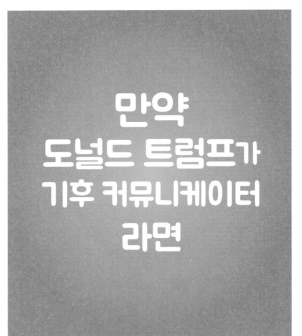

과학 부정론의 5가지 특성

회의론은 좋은 것이다. 과학과 회의론은 함께한다. 진정한 회의론자는 결론에 도달하기 전에 모든 증거를 살펴본다. 반면에, 과학 부정론자는 이의 반대로 작용한다.

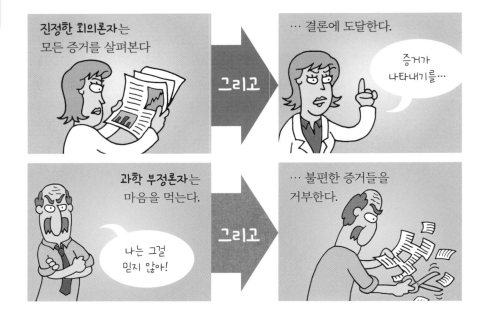

    진정한 회의론과 부정론을 어떻게 구분할 수 있을까? 과학 부정론은 다섯 가지 명백한 특성을 지니고 있다. 존재하지도 않는 과학적 논쟁이 진행되고 있는 것처럼 보이도록 디자인된 논쟁적 테크닉들이다. 이것들은 머리글자 (acronym)인 FLICC로 요약하여 쉽게 기억할 수 있다.

Fake Experts
가짜 전문가

Logical Fallacies
논리적 오류

Impossible Expectations
비현실적 기대치

Cherry Picking
체리 피킹*

Conspiracy Theories
음모론

* 체리 피킹: 자기 입맛대로 고르기. 좋은 체리만 골라 수확하는 뜻으로, '감당하기 버거운 부분이나 별로 중요하다고 여기지 않는 부분은 버리고 자신이 정확하게 원하는 부분만 취하는 행위'를 말한다.

과학 부정론의 다섯 가지 특성은 인류가 초래한 지구온난화든, 생물학적 진화든, 또는 담배와 암의 연계성이든 과학적 합의를 부정하는 모든 동향에서 관찰된다. 이런 테크닉과 오류를 이해하는 것은 거짓 정보를 발견하고 대응하는 데 아주 중요하다.

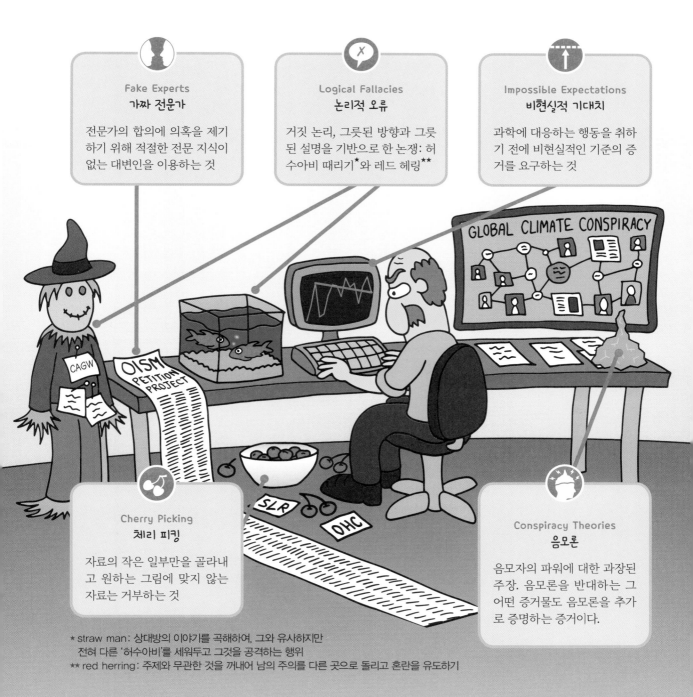

Fake Experts
가짜 전문가

전문가의 합의에 의혹을 제기하기 위해 적절한 전문 지식이 없는 대변인을 이용하는 것

Logical Fallacies
논리적 오류

거짓 논리, 그릇된 방향과 그릇된 설명을 기반으로 한 논쟁: 허수아비 때리기*와 레드 헤링**

Impossible Expectations
비현실적 기대치

과학에 대응하는 행동을 취하기 전에 비현실적인 기준의 증거를 요구하는 것

GLOBAL CLIMATE CONSPIRACY

Cherry Picking
체리 피킹

자료의 작은 일부만을 골라내고 원하는 그림에 맞지 않는 자료는 거부하는 것

Conspiracy Theories
음모론

음모자의 파워에 대한 과장된 주장. 음모론을 반대하는 그 어떤 증거물도 음모론을 추가로 증명하는 증거이다.

* straw man: 상대방의 이야기를 곡해하여, 그와 유사하지만 전혀 다른 '허수아비'를 세워두고 그것을 공격하는 행위
** red herring: 주제와 무관한 것을 꺼내어 남의 주의를 다른 곳으로 돌리고 혼란을 유도하기

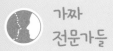
가짜
전문가들

과학 부정론의 다섯 가지 테크닉을 바로 이해하는 것이 거짓된 정보를 발견하고 대응하는 데 필수적이다.

음… 목을
부드럽게 해주는군!

화이트코트
프로젝트

　가짜 전문가들은 실제로 어떠한 관련된 전문지식도 없으면서 겉보기에 전문지식이 있는 듯한 모습을 띠는 사람들이다. 이들은 전문가의 합의에 대해 대중을 혼란스럽게 하기 위해 종종 사용된다. 담배 업계는 1970년대에 이 전략을 마스터했다. 실제로, 이 거짓 정보 캠페인의 이름은 화이트코트 프로젝트였다.

 거짓 토론과 미디어의 부정 저울

저널리스트는 보통 양쪽 편에 동등한 관심을 보이며 논쟁의 여지가 많은 주제를 다룬다. 이것은 정치나 견해의 논쟁을 다룰 때 효과가 있다. 과학과 사실을 다룰 때는 그렇지 못하다.

기후 부정론자들은 반대의견을 가진 소수의 사람들을 밀어주고 기후 과학자들과 동등한 중요성을 부여함으로써 부정 저울을 부당하게 이용한다. 대중은 97%의 과학적 합의가 있는 것이 아니라, 전문가들 사이에 50 대 50의 논쟁이 있다는 인상을 받게 된다.

모순적이게도 편향을 막기 위해 설계된 언론 보도의 관행이 기후변화에 대해 대중을 잘못 인도하는 결과를 초래했다.

오늘 밤, 과학자와
태양계에 대해
얘기해보겠습니다.

…이분의 관점과 균형을
맞추기 위해 평평한 지구
학회 회원을 초대했습니다.

msm

우리가 기후변화를 일으키고 있어요.

맞아요. 우리예요.

인간 활동에 책임이 있어요.

우립니다.

인간이 초래한 기후변화가 일어나고 있습니다.

우리가 지배적인 원인이에요.

그래요. 인간 활동이에요.

미안하지만 우리에게 책임이 있어요.

지구온난화는 사람들에 의해 일어납니다.

여전히 우립니다. 멋진 콧수염이네요!

인간이 기후를 망가뜨리고 있습니다.

우리가 온실효과를 증대시켰습니다.

우리가 열을 가두는 가스를 내뿜고 있어요.

화석연료를 태우기 때문입니다.

이건 자연적 사이클이에요.

그럴 줄 알았어!

논리적 오류는 타당하지 않은 결론에 도달하는 잘못된 논쟁이다. 논리적 오류에는 각기 다른 여러 종류가 있다. 여기에선 부정론자들의 논쟁에서 자주 보이는 몇 가지를 제시하도록 하겠다.

Ad hominem
인신공격

사람을 (상대를)
공격함으로써
논쟁을 일축해 버림

우리의 행성이 뜨거워지고 있다는 것을 보여주는 신호들이 많이 있습니다.

당신 웃기는구먼!

Non sequitur
불합리한 추론

전제가 결론을 뒷받침
하지 않음 ('성급한 결론
을 내리는 행동'이라고도
알려져 있음)

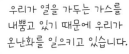

우리가 열을 가두는 가스를 내뿜고 있기 때문에 우리가 온난화를 일으키고 있습니다.

기후 운동은 돈이 들어… 그러니까 우린 온난화를 일으키고 있지 않아.

Red herring
레드 헤링

논쟁과는 아무 상관
없이 주의를 딴 데로
돌리는 것들

이 모든 증거들이 인간이 지구온난화를 일으킨다는 것을 보여주고 있어요.

퍽!!

비현실적 기대치는 과학에 대응하여 행동하기 전에 비현실적인 기준의 증거를 요구한다. 불확실성은 과학의 중요한 일부분이다. 그러나 부정론자들은 과학은 확실한 증거가 있어야 한다는 오해를 퍼트리며 불확실성을 부당하게 이용한다.

비현실적인 기대치는 또한 낮춰진 기대도 동반한다. 반대의 입장을 약간의 근거만 있거나, 또는 근거가 없는데도 무비판적으로 수용하는 것이다.

체리 피킹은 원하는 결론과 상충하는 자료는 무시하고 선택된 몇 가지 자료에만 중점을 두는 것이다. '오도하는 체리 피킹'과 '올바른 예시' 사이의 다른 점을 어떻게 알 수 있을까? 누군가가 주어진 자료 중에서 작은 부분만을 골라내어 결론을 내고, 그 선택된 작은 자료가 증거의 전체와 상충한다면 그것이 체리 피킹이다.

음모론은 과학 부정론자가 세계의 과학자들이 거대한 세계적 음모에 가담하고 있다고 몰아세울 때 만들어진다. 당연히 그런 엄청난 음모설이 가능하다고는 믿기 어렵다. 전 세계의 과학자들이 어마어마한 양의 기후변화에 대한 증거를 꾸며내려 한다고 상상해 보라….

사이언스플레이닝
비과학자가 거들먹거리며 과학자들에게 어떻게 과학을 해야 할지 설명할 때

과학은 증거에 의해 움직여야죠!

그래요? 조언 참 고맙군요!

FIELD DATA

LAB RESULTS

지구 기후 음모론은 어떤 모습일까?

* ice sheet: 빙상(氷床)은 주변 영토를 50,000km² 이상 덮은 빙하 얼음 덩어리이다. 이에 따라 대륙 빙하라고도 부른다. 현존하는 유일한 대륙 빙하는 남극, 그린란드, 캐나다와 북미, 유럽 북부 등에 있다.

기후 부정의 단계

기후 부정 논쟁은 "사실이 아니야." "우리가 아니야." 또는 "심각하지 않아."와 같은 카테고리로 분류될 수 있다. 이것들은 보통 부정의 단계들로 볼 수 있다. 예를 들어, 우리는 논리적인 사람이라면 증거가 쌓일수록 그들의 입장이 "사실이 아니야"에서 "사실이지만 우리는 아니야"로 바뀔 것이라고 생각한다. 그러나 부정론자들은 그렇지 않다.

부정론자들은 영화 <매트릭스>에 나오는 사이버 요원과 비슷하다. 그들은 순식간에 한 자세에서 다른 자세로 바꾸며 총알을 피한다. 마찬가지로, 부정론자들은 그 순간에 그들이 마주한 증거에 따라 한 입장에서 다음 입장으로 옮겨간다.

월요일에 그들은 지구온난화가 일어나고 있다는 것을 부정한다. 화요일에 그들은 지구온난화가 일어난다는 것은 인정하지만 그것이 태양 때문이라고 한다. 수요일에 그들은 다시 지구온난화가 멈추었다고 주장한다. 일관성은 문제가 되지 않는다. 궁극적으로 모든 논쟁은 동일한 결론으로 끝난다. "그렇기 때문에 우린 아무것도 하지 않아야 한다."

사실이 아니야!

우리가 아니야!

심각하지 않아!

와우!

* subatomic particle: 중성자, 양성자, 전자처럼 원자 구조를 구성하는 입자.

수만 가지의 온난화 지표들

지구온난화의 지표가 우리 행성의 곳곳에서 관찰되고 있다. 기온계가 표면이 더워지고 있다는 것을 측정한다. 수심으로 내려간 부표(浮標)는 바다의 열이 증가하고 있다는 것을 측정한다. 지구의 온 사방에서 대륙 빙하가 부서지고, 빙하가 후퇴하며, 얼음이 녹고 있다. 봄이 더 일찍 찾아온다. 해수면은 상승하고 있다. 생물들은 더워지는 기온을 피해 이동한다. 수목 한계선마저 움직이고 있다!

지난 한 세기 반 동안, 우리의 행성은 1℃ 가량 더워졌다. 이것은 우리 행성의 곳곳에 미치는 부정적 영향들과 대량의 열을 수반한다. 하지만 우리는 국소적으로 수십 도의 기온 변화를 매일 경험하기 때문에, 1℃는 별 게 아니라고 느낀다. 천천히 끓는 냄비 속 개구리들처럼, 우리가 지구온난화의 심각성에 대해 인지하는 것은 어렵다.

지구온난화가 저편에 멀리 떨어져 있는 위협이라고 생각하는 것은 위험하지만 일반적인 오해이다. 부분적으로는 우리가 공포로부터 심리적 거리를 유지하는 방식에 의해 일어난다.

심리적 거리는 다양한 형태로 나타난다. 지구온난화가 먼 미래에 일어날 것이라는 생각, 그것이 저 멀리 있는 곳에서 일어난다는 생각(이 오해는 북극곰과 같은 상투적인 이미지에 의해 계속 유지된다), 기후의 영향은 가설적이고 불확실하다는 생각, 그리고 그 영향이 우리와는 다른 커뮤니티에서 일어난다는 생각이 있다.

실제로 지구온난화는 이미 일어나고 있으며 세계 각지에서 사회의 모든 부분에 영향을 미치고 있다. 오바마 대통령이 종종 우리에게 상기시켜 주었듯이, 지구온난화는 지금 여기서 일어나고 있다.

* 하품하는 소리

오바마가 땀을 닦게 하는 연설

초당 원자폭탄 4개와 맞먹는 지구온난화

과학자들은 바다에 축적되고, 땅을 데우고, 대기를 덥히고, 얼음을 녹이는 열기의 양을 측정했다. 그들은 우리의 행성이 초당 4개의 원자폭탄과 맞먹는 열기를 축적하고 있음을 알아냈다.

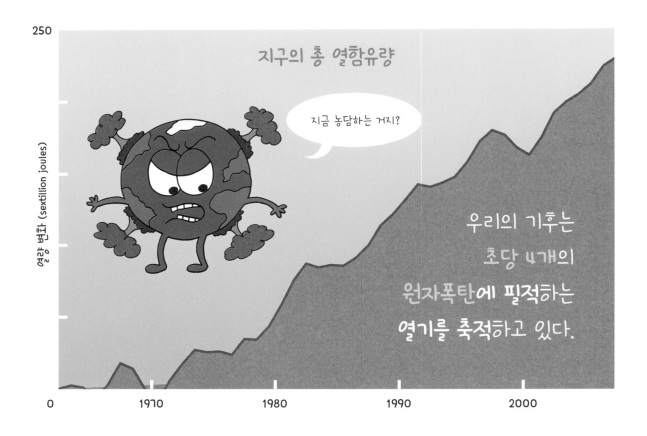

부정론자들은 자료의 일부분에만 주목하고 그 외의 증거는 보지 않으면서 우리의 행성이 열을 축적하고 있다는 사실을 무시한다. 그들은 1998년도부터 지구온난화가 멈추었거나 속도가 느려졌다고 주장한다. 지구가 여전히 열을 축적하고 있다면 어떻게 지표면의 온도 상승이 느려졌다고 할 수 있을까?

열이 꾸준히 쌓이는 동안, 기온은 해마다 위 아래로 오르락 내리락 한다. 열기는 끊임없이 바다와 대기 사이에서 출렁이며 이동한다. 이것은 엘니뇨(스페인어로 '어린 남자아이')와 같은 해양의 순환에 의해 이루어진다.

엘니뇨는 해양과 대기 사이의 열기를 이리저리 옮기며 해마다 표면 온도가 오르락 내리락 하도록 한다.

온도는 해마다 변화하기 때문에, 장기적인 온난화 현상 동안에 마치 온난화가 멈춘 듯이 보이는 짧은 기간들을 찾을 수 있다. 그러나 이것은 큰 그림을 보지 못하고 자료를 자기 입맛대로 고르는 것이다. 우리의 행성은 어마어마한 양의 열기를 축적하고 있다.

우리가 가라앉고 있다니, 그게 무슨 말입니까? 난 위로 움직이고 있다고요!

추운 날씨는 태양이 존재하지 않는다는 뜻인가요?

지구온난화는 추운 날씨가 생기는 것을 멈추게 하지는 않는다. 이것은 더운 날씨를 더 자주 보게 되고, 추운 날씨를 덜 보게 될 것이라는 뜻이다. 미국 전역에서는 최고기온 기록의 비율이 점점 증가하고 있다. 지난 십여 년간 최저기온 기록의 두 배가량의 최고기온 기록이 발생했다.

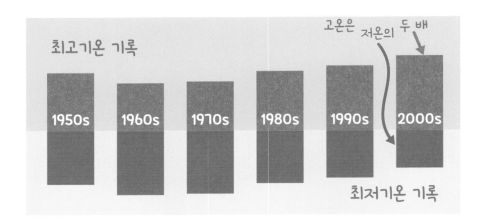

그러나 우리는 날씨가 추워질 때마다 "지구온난화는 어디 갔어?"라는 불평을 듣곤 한다. 이 주장은 비현실적 기대치라는 오류를 범하고 있다. 지구온난화는 추운 날이 절대 없을 것이라는 뜻이 아니다. 그것은 추운 날보다는 더운 날이 더 많아질 것이라는 뜻이다.

체리 피킹의 모습을 띠고 있는 '추운 날씨' 주장은 지구 전체가 뜨거워지고 있다는 점을 간과한다.

얇아지고 있는 지구 표면

북극의 해빙 면적(적어도 15%의 해빙으로 덮인 외해外海 영역)은 지난 수십 년간 꾸준히 감소하고 있었다. 이것은 여름 용해 기간 이후인 9월에 해빙 면적이 최저인 것을 볼 때 명백하게 드러난다.

* sea ice: 해빙(海氷)은 바다 얼음을 말함.

북극 지방은 급격히 변화하고 있다. 세계의 평균보다 세 배에 가까운 속도로 더워지고 있다. 해빙 면적은 40년 전에 비해 고작 반 정도의 크기밖에 되지 않는다.

해빙의 양은 이동하는 바람, 구름의 양, 수증기, 그리고 해류에 의해 수송되는 열 기 등의 여러 요인에 영향을 받는다. 이 영향력의 정도는 장소와 해마다 다르지만, 장기적 감소는 명백하다.

해빙 면적이 새로운 최저 기록을 세울 때, 다음 해 여름에는 가끔 다시 회복되기도 한다. 부정론자들은 이런 잠시 동안의 사건 에 달려들어 해빙이 회복되었다고 주장한다. 이것은 체리 피킹일 뿐이고 분명 한 장기적 트렌드를 무시하는 행동이다. 이것은 마치 당신의 몸무게가 날마다 변한다고 다이어트를 포기하는 것과 같다.

세계의 제일 위쪽은 기후 탄광의 카나리아*입니다.

캐서린 헤이호 교수
텍사스 테크 대학

내 몸무게가 어제보다 늘었어…

…다이어트는 효과가 없어!

안돼. 윗부분이 줄어들고 있어!

만약 캐나다 위로 빗질을 하면….

* 탄광의 카나리아: 위험을 알려주는 조기경보

녹고 있는 빙하

진실

지구의 빙하가 빠른 속도로 줄어들고 있다.

속설

"전 세계의 빙하가 증가하고 있어요. 이는 지구온난화를 반증(反證)하고 있습니다."

오류

체리 피킹: 증가하는 단 몇 개의 빙하만 선택하는 것은 감소하고 있는 대부분의 빙하를 보지 않는 것이다.

지나친 단순화: 온난화가 일부 지역의 눈의 양(강설량)을 증가시켜 아주 드물게 몇 군데의 빙하가 늘어날 수 있다는 사실을 무시한다.

빙하는 우리 행성의 전지역에서 매년 1500억 톤의 얼음을 잃으며 줄어들고 있다. 빙하의 후퇴는 지난 20년간 빠르게 가속화되고 있다. 어떤 빙하는 지난 몇 천 년 동안의 어떤 시기보다 지금 더 작다. 이것은 빙하가 급수탑 역할을 하는 세계의 일부 지역에서는 크나큰 근심거리이다. 빙하는 겨울 동안 물을 축적했다가 여름이면 하류로 내보낸다.

한 속설은 지구온난화가 일어나지 않는다고 주장하기 위해 늘어나는 빙하를 언급한다. 그러나 십만 개가 넘는 세계의 빙하 대부분은 줄어들고 있다. 이 속설은 줄어들고 있지 않은 몇 개의 빙하만을 선택적으로 보고 있다.

왜 모든 빙하가 줄어들고 있지 않을까? 따뜻한 공기는 얼음을 녹이는 한편, 대기 중에 더 많은 습기를 발생시키기도 한다. 이것은 일부 지역의 더 많아진 강설량을 뜻하기도 한다. 그렇기에 대부분의 빙하는 줄어들지만 극히 드문 몇 개는 늘어나기도 하면서 각기 온난화에 다르게 반응한다. 이런 복잡한 관계를 무시하는 것은 지나친 단순화이다.

가장 큰 얼음의 감소는 지구상의 가장 큰 빙상인 그린란드와 남극 대륙에서 일어난다.

* Great Barrier Reef: 세계에서 가장 큰 산호초 군락(호주).
** bleach: 표백제.

그린란드는 푸르렀다: 역사상 최악의 유인 상술

그린란드의 대륙 빙하에서는 해마다 3천억 톤의 얼음이 사라지고 있다. 그것은 매년 에베레스트 두 개에 해당하는 무게이다!

그린란드는 빙하의 가장자리에서 빙산이 떨어져 나갈 때마다 얼음을 잃는다. 녹은 물은 이 빙하의 밑바닥을 미끄럽게 만들어서 바다로 흘러 들어가는 속도를 증가시킨다. 그린란드는 보다 빠른 속도로 얼음을 잃고 있다.

동시에 그린란드는 내륙에 얼음이 늘어나고 있다. 온난화는 대기층의 습기 증가로 이어지고, 이것은 강설량 증가를 뜻한다. 그럼에도 불구하고 가장자리의 얼음 손실이 중심부의 얼음 증가보다 더 크다.

부정론자들은 그린란드의 중심부에서 일어나는 얼음 증가만 체리 피킹하고 가장자리의 얼음 손실은 무시한다. 이것은 마치 다이어트 소다를 마시는 것으로 불량식품이 우리의 뱃살에 아무 영향을 주지 않는다고 주장하는 것과 같다.

그린란드와 관련된 또 다른 속설은 "그린란드는 푸르를 때가 있었다"라는 주장이다. 이것은 무슨 말일까? 천여 년 전쯤, 스칸디나비아와 아이슬란드에서 온 탐험가들이 그린란드의 남서쪽에 정착했다. 빙상의 나이가 적어도 40만 년이 넘었기 때문에 현재 섬의 모습은 처음 그린란드라고 이름이 지어졌을 때와 아주 흡사할 것이다.

이 섬이 거대한 빙상이나 다름 없었다면, 왜 그린란드라고 불렸을까? 간략히 말하자면, 탁월한 마케팅이었다. 에릭 더 레드라는 사람이 그를 따르는 자들을 이곳에 정착하도록 설득하기 위해, 이 새로운 땅을 더 나은 삶을 약속하는 곳으로 홍보했다. 그러나 섬의 살기 좋은 곳들은 한정되어 있었다.

"그린란드는 푸르렀다"라는 논증은 그린란드가 중세 시대에는 더 따듯했다고 주장하는 것이고, 현대의 온난화 또한 자연적인 것이 분명하다고 암시하는 것이다. 중세 시대에 우리의 행성이 더 따듯했다고 하는 것은 그릇된 주장이다. 그린란드의 일부 지역이 지금과 비슷한 온도였다고 할지라도, 지구는 전체적으로 지금보다 더 추웠다.

진실

그린란드의 빙상은 수십만 년 동안 존재해왔다.

속설

"그린란드는 그린일 때가 있었어!"

오류

그릇된 설명: 역사상 그린란드의 대륙 빙하 상태에 대한 올바르지 않은 이미지를 심어준다.

오늘날의 지구 온도는 지난 천 년 동안의 어떤 때보다도 더 따듯하다. 중세 시대에 에릭 더 레드가 그린란드의 이름을 지어 주었을 때를 포함해서 말이다.

1000 A.D.

2000 A.D.

세상에,
아이슬란드보다
더 안 좋은 것
같네요.

아무도
빙하 나라에는
이사 가고 싶지
않을 거요.

그랜디스탄?

허세가 넘쳐요!

스펙타큘로니아?

너무 길어요!

뉴잉글랜드?

새롭지 않습니다!

생각났어요!
그린란드!

빙상을 그린란드라고
부른다고요?
그건 역사상 최악의
유인 상술이겠군요.

당신은 그린란드의 왕이
될 거예요.

그렇게 하죠!

남극의 바다 얼음과 대륙 얼음의 혼동

진실

남극 대륙은 매년 천억 톤의 얼음이 사라지고 있다.

속설

"남극 대륙은 중앙부가 두꺼워지고 있으니 얼음이 사라지는 것이 아니다."

오류

체리 피킹: 대륙 빙하의 가장자리에서 빠르게 일어나는 얼음 손실을 무시한다.

남극 지방은 서남극과 동남극으로 나뉘어 있다. 만약 서남극의 모든 대륙 얼음이 녹는다면, 해수면이 7미터가 상승할 것이다. 동남극의 빙상은 세계에서 가장 큰 내륙 얼음 덩어리이다. 만약 이것이 전부 다 녹는다면, 해수면은 65미터가량 상승할 것이다.

서남극은 1990년대부터 얼음이 사라지기 시작했다. 얼음 감소의 속도가 증가하면서, 매년 천억 톤가량의 얼음이 사라지고 있다. 동남극은 가장자리의 얼음이 사라지고 있지만 중앙부의 늘어난 눈의 양으로 균형을 맞추고 있다. 그러므로 현재로서는 동남극의 빙상은 안정화되어 있다.

전반적으로, 남극에서는 매년 천억 톤의 대륙 얼음이 사라지고 있다. 남극의 얼음이 증가하고 있다고 주장하는 부정론자들은 자료를 자기 입맛대로 고른다. 그들은 동남극 중앙부의 얼음 증가에만 주목하고 대륙의 다른 곳에서 일어나는 얼음 손실은 무시하고 있다.

남극의 해빙은 조금 더 복잡하다. 지난 수십 년간 남극의 해빙 면적은 약간 증가해왔다. 더워지고 있는 이 지역에서 어떻게 이런 일이 일어난 것일까?

여기에는 몇 가지 가능성 있는 원인 제공원들이 있다. 유력한 용의자는 내륙에서부터 부는 바람이다. 이 바람은 해안가의 얼음을 밀어내고 외해를 만들어 더 많은 해빙이 만들어지도록 한다. 이 바람은 점점 더 증가하며 해안가에 해빙 공장을 만들었다.

가능성이 있는 다른 원인은 남극의 빙하에서부터 녹아서 생기는 민물이다. 민물은 바닷물(소금물, 해수)보다 더욱 쉽게 얼게 된다.

남극의 해빙 증가는 지구온난화가 일어나고 있지 않다는 주장에 이용되어 왔다. 이것은 남극의 해빙 동향을 일으키는 여러 가지 원인을 무시하는 지나친 단순화이다. 이것은 마치 운동을 하고 난 후에 패스트푸드를 잔뜩 먹고서는, 왜 살이 빠지지 않는지 의아해하는 것과 같다.

상승하는 해수면과 옮겨지는 골대

바다로 흡수되는 모든 열기는 바닷물의 열팽창을 야기하고 있다. 따뜻해진 물은 차가운 물보다 더 많은 공간을 차지한다. 이것이 해수면이 상승하는 이유 중 하나이다. 다른 원인은 녹고 있는 대륙의 얼음이다. 그린란드와 남극의 빙하는 매년 수천억 톤의 얼음을 잃고 있고, 이것은 바다로 흘러 들어간다.

위성의 자료와 밀물과 썰물 측정량을 결합해 보고, 우리는 해수면이 지난 한 세기 동안 꾸준히 상승해왔으며, 시간이 지날수록 그것이 가속화된다는 사실을 알아냈다. 이 상승은 너무도 일정하기 때문에 부정론자들이 해수면 상승이 일어나지 않는다는 주장을 하기는 어렵다. 그래도 그들의 시도를 막지는 못했다! 그들은 종종 장기간의 상승에 의혹을 제기하기 위해 해수면의 상승이 잠시 멈춰 있는 짧은 시기들을 골라낸다.

"
해수면 상승은 서서히 다가오는 재앙과 같다.

조쉬 윌리스
제트추진연구소

사실상 해수면 상승을 무시하기는 아주 어렵기 때문에 부정론자들이 하는 대체 반응은 이것이 가속화되진 않았다고 주장하는 것이다. 해수면의 상승이 일어나지 않는다고 부정하기보다는 해수면이 상승한다는 것을 받아들이긴 하되, 시간이 흐를수록 상승이 더욱 빨라진다는 것을 부정함으로써 골대를 옮기는 것이다.

⚐ 골대 옮기기

해수면이 상승한다는 현실을 일단 인정하기는 하지만 그것이 빨라지고 있지는 않다는 주장으로 바꾸는 것은 해수면 상승이라는 진실로부터 주의를 딴 데로 돌리는 방법이다.

태양은 우리의 '감옥 탈출 카드'가 아니다

진실

만약 태양활동이 줄어 든다고 하더라도 지구 온난화를 약간 늦추는 정도밖에 되지 않을 것 이다.

속설

"태양이 식고 있으므로 우리는 빙하기에 들고 있다!"

오류

그릇된 설명: 기후변화 에 끼치는 태양활동의 역할을 과장한다. 온실 효과와 비교했을 때 최 소한의 영향을 끼친다 고 주장함.

지난 수십 년간 태양은 식어가고 있다. 태양이 계속 식 는다면 무슨 일이 일어날까? 태양은 더 차가울 때가 있었다. 1600년대 '소빙하기'와 같은 때에 태양활동이 적었던 시기가 있었다.

만약 태양열의 산출량이 그때와 같은 수준으로 떨 어진다면 미래의 지구온난화에 어떤 일이 생겨날까? 태양열의 감소는 10년 치의 지구온난화 현상을 상쇄 할 뿐이다. 온실효과와 비교했을 때 태양은 경미한 요인 이다.

나 예전에 완전 쿨했었다고!

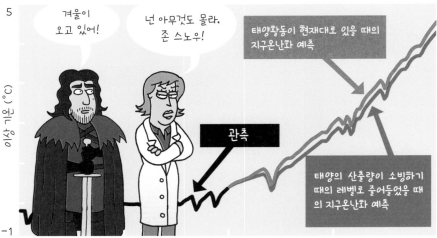

5

0 상승 기온 (℃)

−1

1900   2100

겨울이 오고 있어!

넌 아무것도 몰라, 존 스노우!

태양활동이 현재대로 있을 때의 지구온난화 예측

관측

태양의 산출량이 소빙하기 때의 레벨로 줄어들었을 때 의 지구온난화 예측

감옥 탈출 카드

이 카드는 기후변화를 부정해야 할 때까지 가지고 있어도 된다.

그렇다면 왜 어떤 사람들은 우리가 빙하기로 접어들고 있다는 주장을 하는 걸까? 이는 태양이 기후변화에 미치는 영향력을 잘못 설명하고 있다. 현대 기 후변화의 주원인은 온실효과이다. 태양은 우리의 '감옥 탈출 카드'가 아니다. 겨울은 오고 있지 않다.

우린 빙하기로 접어들고 있어요.
모든 농작물들이 다 죽을 거라고요.

추위는 모든 걸 죽입니다! 우린 길가에 나앉아
얼어 죽게 될 거라고요! 겨울이 오고 있어요!

실은, 화석연료를 태우는 것이 그 어떤
빙하기의 가능성도 막아왔어요. (추워지는) 대신
더워지고 있습니다.

불안을 조성하는 사람이구먼!

기후 음모론: 온도 기록

★ 줄(joule)은 에너지와 일의 SI(국제 표준) 단위로 SI 단위계에서 1뉴턴의 힘으로 1미터 거리를 옮길 수 있는 에너지.

책임
부정하기

우리가 지구온난화를 초래하고 있다

진실

1950년부터 인간은 모든 지구온난화를 일으키고 있다.

속설

"인류활동은 지구온난화에 약간의 영향밖에 미치지 않는다."

오류

게으른 추론: 인간이 기후변화에 얼마만큼의 영향을 미치는지를 보여주는 모든 연구조사를 무시한다.

과학자들은 최근의 지구온난화에 인간 활동이 얼마만큼 영향을 끼쳤는지를 수치화하는 많은 연구조사를 했다. 이런 여러 조사를 통틀어 보면 일관된 그림이 나타난다. 우리는 1950년부터 100% 가량의 지구온난화를 일으켜 왔다.

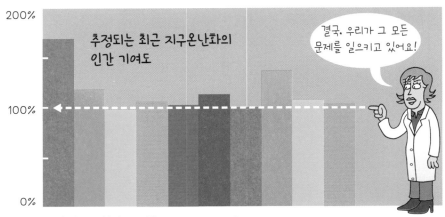

지구온난화의 원인에 대한 10가지의 개별 연구

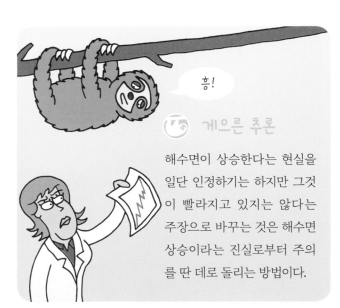

실제로 우리의 최적 추정치로는 자연적 요인이 약간의 쿨링 효과에 기여하는 반면, 우리는 100%가 약간 넘는 지구온난화를 일으키고 있다. 우리가 지구온난화의 전부, 그리고 그 외에도 많은 문제를 일으키고 있다!

만약 기후변화가 불가사의한 살인 사건이었다면, 이것은 쉽게 해결할 수 있는 사건이 될 것이다. 인간이 일으킨 지구온난화에 대한 증거들이 넘쳐난다.

과열된 기후: 과학 추리소설

* 엘니뇨는 남미 페루 부근의 바닷물 온도가 평년보다 0.4℃ 이상 높아지는 것을 말한다. 특히 수온이 평년보다 2.5℃ 이상 높아지게 되면 이것을 '슈퍼 엘니뇨'라고 부른다. 한편 엘니뇨와는 반대로 동태평양 적도 부근의 바닷물 온도가 평년보다 낮아지는 것을 '라니냐'라고 한다. 엘니뇨와 라니냐 현상이 나타나는 직접적인 원인은 아직 밝혀지지 않았으나 지구온난화가 영향을 끼치는 것으로 지목되고 있다.

킬링 곡선은 왜 그렇게 굽어 있는가?

우린 대기 중에 탄소를 더하고 있어요. 이건 새로운 탄소이고, 시스템의 균형을 무너뜨립니다.

코린 레 퀴리 교수
이스트 앵글리아 대학

1958년에 찰스 킬링은 하와이 마우나 로아에서 대기 중의 이산화탄소 레벨을 측정하기 시작했다. 그는 이산화탄소가 해마다 증가했다 감소하는 것을 발견했다. 이것은 킬링 곡선*으로 알려지게 되었다.

이 연간 사이클은 대기와 초목 사이를 이동하는 이산화탄소에 의해 생긴다. 봄에는 식물들이 이산화탄소를 잎사귀로 전환시킨다. 가을에는 잎들이 떨어져 부패하며 이산화탄소를 대기 중으로 뿜어낸다.

킬링은 시간이 흐르면서 공기 중의 이산화탄소 양이 증가한다는 사실도 발견했다. 우리가 연소하는 화석연료가 대기 이산화탄소의 증가를 일으키는 것이다.

모든 것은 섬세한 균형 속에 존재한단다. 너는 그 균형을 이해하고 탄소를 중요하게 여겨야 해.

그렇지만 아빠, 우린 탄소를 들이마시지 않나요?

맞단다 아들아. 그렇지만 설명을 해주마. 우리가 이산화탄소를 들이마실 때 그것은 우리의 잎사귀가 된단다. 그러나 우리의 나뭇잎이 떨어지면 이산화탄소는 공기 중으로 돌아가지…

…그러니 우리는 탄소의 거대한 사이클 안에서 모두 연결되어 있는 거야.

* Keeling Curve: 미국 화학자 Charles David Keeling(1928~2005년)으로부터 명명됨.
  1958년부터 지금까지 지구 대기의 이산화탄소 함량이 점진적으로 증가하는 것을 보여주는 그래프이다.

우리가 자연의 균형을 무너뜨렸다

 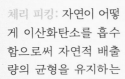
수천 년 동안 대기 중의 이산화탄소 레벨은 비교적 고정적으로 유지되어 왔다. 자연적 배출량과 자연적 흡수량이 대등하게 자연의 균형을 이루고 있었다. 인간은 산업혁명 중에 화석연료를 연소시키기 시작하며 그 균형을 무너뜨렸다. 이 활동은 땅속에 석탄, 석유, 또는 가스로 갇혀 있던 다량의 이산화탄소를 대기로 올려 보냈다. 이제 대기 중의 이산화탄소는 수백만 년 동안 보지 못한 수치로 증가했다.

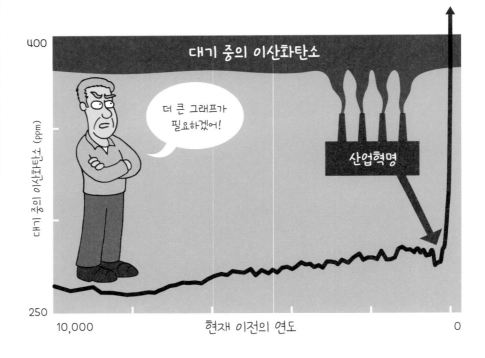

부정론자들은 교묘한 체리 피킹을 통해 탄소 순환을 붕괴시키는 데 기여한 우리의 역할을 축소시키려 한다. 그들은 인간의 배출량이 자연의 배출량보다 적다고 주장한다. 예를 들어, 자연은 매년 7천4백억 톤 가량의 탄소를 배출하는 반면, 인간은 3백3십억 톤의 탄소를 공기 중으로 배출한다.

이 주장은 자연적 배출이 자연적 흡수에 의해 균형을 이룬다는 사실을 무시하는 것이다. 자연은 매년 7천2백6십억 톤의 이산화탄소를 배출하지만, 거의 동일한 양을 흡수하기도 한다.

이런 체리 피킹은 큰 그림을 보지 못함으로써 인간의 이산화탄소 배출이 자연의 균형을 깨뜨렸다는 사실로부터 주의를 딴 데로 돌리게 한다. 이것은 도박에서 잃은 돈은 생각하지 않고 딴 돈만 자랑하는 것과 같다.

봄의 부정

자연적 흡수를 고려하지 않는다는 것은 나무가 잎사귀를 만들기 위해 이산화탄소를 흡수하는 것을 무시한다는 뜻이다.

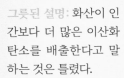
우린 트림 대회에서 이겼다

인간은 매년 대기 중으로 수십억 톤의 이산화탄소를 배출한다. 예상할 수 있듯이, 이것은 대기권의 이산화탄소를 증가시킨다.

이안 플라이머
채광 지질학자

그럼에도 불구하고, 부정론자들은 최근 이산화탄소의 증가가 모두 자연적인 것이라고 끈질기게 주장한다. 예를 들어, 지질학자 이안 플라이머는 "화산의 트림 한 번"이 인간의 한 해 이산화탄소 배출량과 맞먹는다고 그릇되게 주장한다.

과학자들이 대륙과 해저의 화산이 분출하는 이산화탄소(CO_2) 양을 모두 더했을 때, 이것은 매년 3억1천만 톤이 된다. 인간 배출량의 1%도 안 되는 양이다.

다시 말하자면, 인간은 지구상의 모든 화산을 합친 것보다 100배 가량의 이산화탄소를 배출한다. 트림 대회에서 인간이 확실하게 이긴 것이다!

화산이 대기 중의 이산화탄소에 미치는 미미한 영향을 제대로 인식하기 위해, 우리는 20세기에 일어난 가장 큰 화산 분출들의 예를 볼 수 있다. 이들은 눈에 띄는 영향이 없었던 반면, 인간은 꾸준히 대기 중에 이산화탄소를 더하고 있다.

우리는 80만 년의 역사를 통틀어 400ppmv의 이산화탄소 레벨에 도달한 적이 없습니다.

로니 톰슨 교수
오하이오 주립대학

화산이 미친 영향을 볼 수 있나요?

아니요. 저도 볼 수 없네요.

대기 중의 이산화탄소

대기 중의 이산화탄소 (ppm)

380

280

피나투보 산
Panatubo

아궁 산
Agung

엘 치촌 산
El Chicón

대기 불투명도
(화산분출의 사이즈를 측정함)

1960   1970   1980   1990   2000

탄수화물 줄이기

과학자들은 우리가 탄소의 증가를 일으키고 있다는 더 많은 증거를 찾아내고 있다. 탄소에는 여러 가지 종류가 있는데, 그중에는 보다 가벼운 탄소-12와 보다 무거운 탄소-13이 있다. 식물들은 보다 가벼운 탄소-12를 선호한다. 화석연료는 고대 식물로부터 만들어진다. 그렇기에 화석연료를 연소시키면 공기 중에 탄소-13보다 탄소-12가 더 많이 보일 것으로 예상할 수 있다. 그리고 그게 바로 우리가 관찰하는 바다.

탄소-13?

고맙지만 사양할게. 지금 탄수화물을 줄이는 중이거든!

C13

C12

이건 함정이야!

각기 다른 종류의 방사선은 다른 파장을 가지고 있다. 태양으로부터 나오는 가시광선은 짧은 파장을 가지고 있고, 단파복사라고 불린다. 지구로부터 발생하는 적외선 열은 긴 파장을 가지고 있고 장파복사라고 불린다. 장파복사는 온실가스에 의해 가로막힌다.

힘없는 녀석!

키 작은 녀석!

왜 이산화탄소가 중요할까? 열을 가두는 것은 온실가스이다. 이것은 우리가 따뜻하도록 지구를 두르는 이불과도 같다. 안락하게 느껴지지 않는가? 꼭 그렇지는 않다. 대기 중에 추가적으로 이산화탄소를 더하는 것은 이불을 하나 더 덮는 것과 같다. 너무 많은 이불은 불편할 정도로 덥게 만든다.

우리는 간단한 세 단계로 온실효과를 이해할 수 있다. 첫째, 온실가스는 가시광선이 지구의 표면까지 자유롭게 이동하도록 허용한다. 둘째, 지구는 태양광을 흡수하고, 더워지고, 그리고 적외선 열을 발생한다. 셋째, 이 적외선 열은 지구의 표면으로부터 복사하지만 온실가스가 이 열기를 가두어 우주로 빠져나가는 것을 막는다. 이것이 온실효과가 우리를 데우는 방법이다. 온실효과는 햇빛은 들여보낸 다음, 열기가 빠져나가는 길을 막는다. 이건 함정이다!

1820년대에 물리학자인 조제프 푸리에가 최초로 대기 중의 무언가가 온난화 현상을 일으킨다는 의견을 제시했다. 거의 2세기가 넘도록 과학자들은 실험하고 측정하면서 어떻게 온실가스가 온난화를 일으키는지에 대한 우리의 이해를 향상시켰다.

또 다른 이불이라니.

주주들이 원하는 거야!

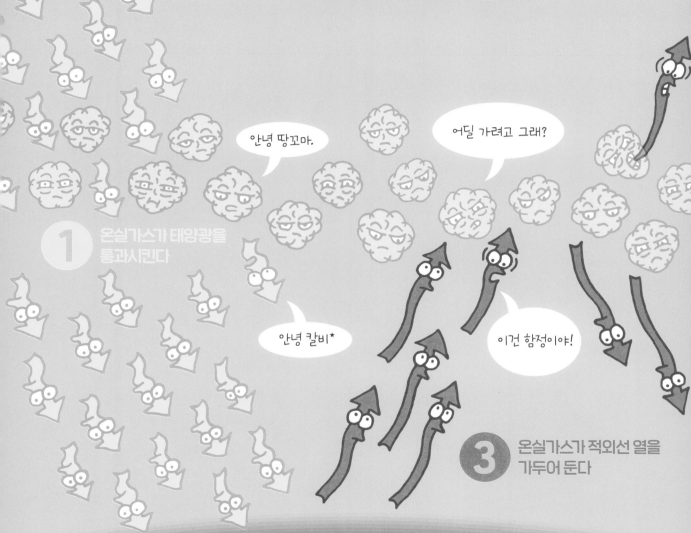

기후 과학: 간략한 역사

1800

1850

크눗 앙스트롬은 온실효과는 이미 포화상태라고 주장했다.

온실효과? 말도 안돼!

72쪽에 더 상세하게…

찰스 킬링이 대기 중의 이산화탄소를 측정하기 시작했다.

킬링 꼼지락(wiggle) 선은 어때?

계속 생각해 보세요!

가이 칼렌더는 지구가 더워지고 있고 인간 활동이 원인일 수도 있다는 제안을 했다.

사람들이 칼렌더 효과라고 부릅니다.

사람들? 당신이 그렇게 부른다는 말이죠?

IPCC★가 기후에 미치는 인간의 영향이 감지되었다고 결론 내렸다.

모든 증거를 보았을 때…

…아. 4페이지에서 다시 읽어보세요!

1900

1950

★ 기후변화에 관한 정부 간 협의체(Intergovernmental Panel on Climate Change)

기후 음모론: 타임머신

적은 양이 큰 영향을 끼칠 수 있다

 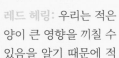
이산화탄소의 온난화 효과는 많은 증거에 의해 확인되었다. 항공기와 여러 위성은 이산화탄소가 에너지를 흡수하는 동일한 파장(波長)에서 우주로 더 적은 열기가 빠져나가는 것을 측정했다. 온실효과는 측정된 현실이다. 이것 없이는 우리는 지구의 표면에서 살 수 없을 것이다.

그럼에도 불구하고 어떤 이들은 온실효과와 같은 기본적 물리학마저 부정한다. 속설 중 한 가지는 이산화탄소가 대기 중의 아주 적은 비율을 차지하기 때문에, 그렇게 큰 영향을 미칠 수가 없다고 주장하는 것이다.

이것은 '레드 헤링'이다. 대기 중의 이산화탄소 비율이 적다는 사실은 관계없는 말이다. 적은 양의 활성화된 물질이라도 큰 영향을 끼칠 수 있다.

* 이부프로펜(ibuprofen): 해열 소염 진통제에 많이 쓰이는 성분의 이름.

온실효과를 경시하는 다른 속설

지구온난화를 일으키는 우리의 역할에 대해 의혹을 품도록 만들어진 온실효과에 대한 여러 속설이 있다. 어떤 믿음들은 인간의 심리에 작용하고, 다른 것들은 과학을 왜곡한다.

물리학의 법칙은 온실효과가 존재한다고 말해주고, 우리가 이를 측정했다. 그러나 어떤 사람들은 여전히 온실효과가 존재한다는 것을 받아들이기 어려워한다. 모순적이게도 그들은 물리학 법칙을 들며 온실효과가 열역학의 제2법칙을 어긴다고 주장한다.

이것은 열기가 차가운 곳에서 뜨거운 곳이 아닌, 뜨거운 곳에서 차가운 곳으로 흐른다고 말하는 물리학 법칙이다. 이 속설은 온실효과가 일어나려면 온실가스가 열기를 가두는 차가운 하늘에서부터 더운 지표로 열기가 흘러야 한다고 주장한다.

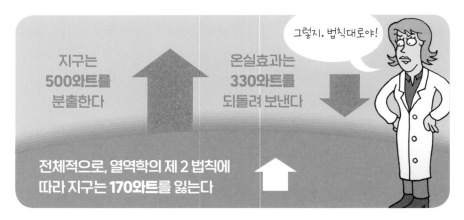

이 속설은 제2법칙을 잘못 설명하고 있다. 이 법칙은 총체적인 열의 흐름이 더운 곳으로부터 추운 곳으로 이동한다고 말한다. 이것은 열의 일부가 반대 방향으로 흐르는 것을 막는 것은 아니다. 지구는 500와트 가량의 열을 발생한다. 온실효과는 330와트를 지구로 돌려보낸다. 이것은 전체적으로 보았을 때 지구가 170와트를 우주로 배출한다는 뜻이다. 열은 더운 곳에서 추운 곳으로 흐른다. 그러나 온실효과는 지구를 데우는 어느 정도의 열기를 보낸다.

또 다른 속설은 이산화탄소가 눈에 보이지 않기 때문에 무해하다는 것이다. 사실상, 우리가 볼 수 없다면 어떻게 문제가 될 수 있을까?

이산화탄소와 같은 온실가스는 햇빛에서는 보이지 않는다. (이것이 우리가 이산화탄소를 볼 수 없는 이유이다.) 햇빛은 대기를 통과해서 지구의 표면을 데울 수 있다. 데워진 지구는 적외선 열을 배출하고, 이것은 온실가스에 의해 차단된다. 이산화탄소의 불가시성이야말로 온실효과의 핵심 특징이다.

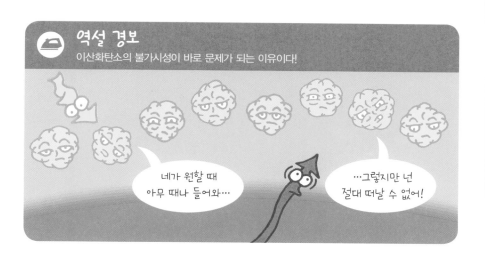

역설 경보
이산화탄소의 불가시성이 바로 문제가 되는 이유이다!

네가 원할 때 아무 때나 들어와…

…그렇지만 넌 절대 떠날 수 없어!

이산화탄소의 불가시성이 그것을 무해하게 만든다고 주장하는 것은 레드 헤링이다. 이산화탄소가 눈에 보이지 않는 것과 무해하다는 것은 아무 상관이 없다. 우린 모두 눈에 보이지 않는 것들이 어떻게 우리의 삶에 영향을 끼치는지 잘 알고 있다. 예로는 사람들의 집안에 누출되는 라돈, 세균, 그리고 중력이 있다.

세균? 무슨 보이지 않는 마법 같은 물질? 내가 듣기엔 사기 같구먼!

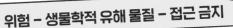
위험 – 생물학적 유해 물질 – 접근 금지

위험 – 생물학적 유해 물질 – 접근 금지

위험 – 생

역사상 최초의 지구온난화 속설

진실

이산화탄소를 더 많이 배출하는 것은 공기가 희박한 높은 대기권에 더 많은 열기가 갇힌다는 뜻이다.

속설

"온실효과는 포화상태이기 때문에, 이산화탄소를 더 추가해도 아무 일도 일어나지 않는다."

오류

지나친 단순화: 본래 여러 층으로 구성된 대기권을 하나의 층으로 여긴다.

역사상의 첫 지구온난화 속설은 1900년에 시작되었다. 스웨덴의 물리학자인 크눗 앙스트롬이 이산화탄소를 담은 튜브를 통과하여 적외선 열을 비추는 실험을 했다. 이산화탄소는 열의 일부분을 차단했다. 그러나 그가 이산화탄소의 양을 늘렸을 때, 차단되는 열의 양은 바뀌지 않았다. 그는 온실효과가 포화상태이고 이산화탄소를 대기 중에 더 추가하는 것은 지구온난화를 일으키지 않을 것이라고 결론지었다.

앙스트롬의 실수는 대기권을 단 하나의 가스 튜브와 동일하게 여긴 것이었다. 실제로는, 대기는 여러 층으로 이루어져 있다. 낮은 대기층에서는 공기의 밀도가 높고, 온실효과가 포화상태이다. 대기층이 높아질 수록 공기의 밀도가 낮고, 온실효과가 포화상태가 아니다.

화석연료를 태울 때 우리가 배출하는 이산화탄소는 바람에 의해 휘저어지고 대기 중에 섞인다. 대기 상층부의 온실가스는 우주로 방출되는 열을 가로막는다.

이제 우리에게는 우주로 빠져나가는 열을 잴 수 있는 항공기, 위성, 그리고 관측소가 있다. 이런 수치들은 온실효과가 더욱 악화되고 있음을 보여준다.

포화된 온실효과를 주장하는 것은 우리의 대기권을 지나치게 단순화하는 것이다. 1900년에 앙스트롬이 만든 오류는 용서할 수 있다. 그러나 증가하는 온실효과를 확증하는 한 세기 동안의 과학 연구자료 이후에도 앙스트롬의 오류를 번복하는 사람에게는 변명의 여지가 없다!

수증기는 제어기가 아닌 증폭기이다

 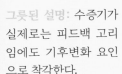
이산화탄소의 배출은 초기의 온난화를 야기한다. 이 온난화로 인해, 수분 증발이 증가하고 더 많은 수증기가 대기 중에 추가된다. 더해진 수증기가 온실가스로서 온난화를 더욱 초래한다. 이것은 추가적인 수분 증발로 이어지고, 더욱 심화된 온난화로 이어진다. 이것이 강화 피드백의 고리이다.

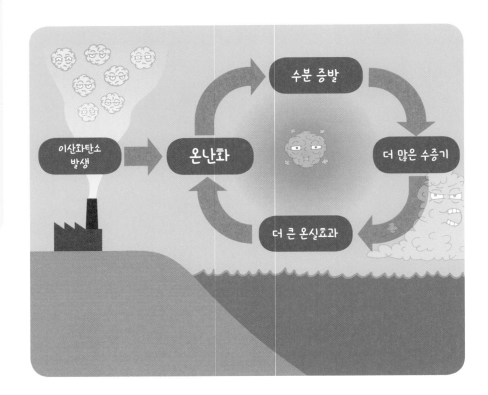

수증기가 온난화를 더욱 증폭시키기는 하지만, 초기의 온난화를 일으키지는 않는다는 점을 명확히 하는 것이 중요하다. 대기 중의 수증기 양은 공기가 얼마나 따뜻한지에 달려있기 때문이다. 만약 수분이 대기 중에 추가로 더해진다면, 오래지 않아 다시 비나 눈이 되어 내린다.

어떤 부정론자들은 수증기가 가장 강력한 온실가스이기 때문에 이산화탄소는 심각한 문제가 아니라고 주장한다. 이것은 수증기가 어떻게 기후에 영향을 미치는지를 잘못 대변한다. 수증기는 기후변화를 주도적으로 끌고 가는 것이 아니라, 증폭시킨다. 현재의 지구온난화에서는 이산화탄소가 온난화를 처음 시작하는 제어기이다.

> 수증기가 이산화탄소보다 더욱 중요한 온실가스라고 하는 것은 음향시스템에서 소리를 발생시키는 데에 증폭기가 음량 다이얼보다 더 중요하다고 하는 것과 같습니다.

아담 소벨 교수
콜롬비아 대학

🐷 역설 경보

이산화탄소 온난화를 걱정하지 않아도 되는 이유로 수증기를 드는 것은 거꾸로 되었다.

수증기는 우리의 기후가 이산화탄소 온난화에 아주 민감해지는 큰 이유이다.

반대 방향으로 움직이는 기후와 태양

1859년에 존 틴들은 온실가스가 열을 가두어 둔다는 것을 발견했다. 그는 또한 온실 온난화가 어떤 모습일지 예견하기도 했다.

만약 온난화가 온실가스에 의해 일어난다면 겨울이 여름보다 더 빨리 더워질 것입니다…

…그리고 밤이 낮보다 더 빨리 더워질 것입니다.

존 틴들
물리학 교수

아마도 이 많은 이불 때문에 그렇겠지요!

왜 이런 패턴이 나타나는 것일까? 밤 동안에 지구의 표면은 우주로 열을 내보냄으로써 열을 식힌다. 공기 중에 온실가스가 많다면 우주로 빠져나가는 열이 적고, 밤 사이의 냉각이 덜 일어난다는 뜻이다. 비슷한 이치로 더 많은 온실가스는 지구의 표면이 햇빛을 덜 받는 겨울에 일어나는 냉각 현상을 줄인다.

1987년부러 기온 동향에 미치는 태양의 변동성의 영향은 미미하고 하강세를 보이고 있습니다.

마이크 록우드 교수
리딩 대학

밤 사이에, 지표면은 우주로 열을 내뿜으며 열을 식힌다.

공기 중의 온실가스는 야간 냉각 현상을 늦춘다.

150여년이 지난 후, 과학자들은 존 틴들이 예측했던 것과 똑같은 패턴을 관찰한다. 겨울은 여름보다 더 빨리 더워졌고, 밤은 낮보다 더 빨리 더워졌다. 관찰되는 이 두 가지의 기후 패턴이 지구온난화에 미치는 인간의 영향을 입증한다.

강력한 증거에도 불구하고, 한 속설은 태양이 기후변화를 초래한다고 주장한다. 이 속설은 체리 피킹에 근거하고 있다. 지구의 과거에 때때로 기온과 태양활동이 같은 방향으로 움직이던 때가 있었다. 그러나 이것은 태양을 명백하게 제외하는 모든 자료를 무시하는 것이다.

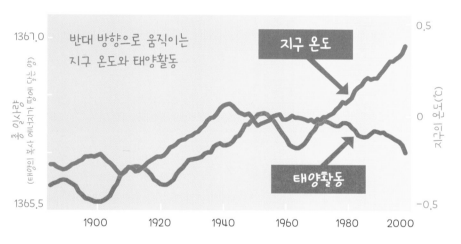

지난 수십 년간 지구 온도와 태양활동은 반대 방향으로 움직였다. 태양이 식을 때 기온은 더워졌다. 가장 최근의 정보를 무시하다가는 완전히 그릇된 결론에 도달할 수 있다!

진실

하루와 연간 사이클에서의 인류의 지문은 온실 온난화를 확증하고 태양을 배제한다.

속설

"태양이 지구온난화를 일으킨다."

오류

체리 피킹: 태양활동과 지구 기온이 반대 방향으로 움직이는 것을 보여주는 지난 수십 년간의 자료를 무시한다.

난 특별해!

우리는 태양계에서 특별하다

진실

인간에 의한 지구의 기후변화는 태양계에서 특수하다.

속설

"다른 행성들은 태양 때문에 더워진다"

오류

게으른 추론: 차가워지는 행성과 같은 상충하는 증거를 고려하는 것에 실패한다.

지난 50년간 태양의 열 산출량은 약간 줄어들었다. 태양이 보다 적은 열을 방출하고 있기 때문이다. 태양 활동의 감소는 냉각 효과를 가져오므로, 태양은 최근의 지구온난화를 일으키지 않고 있다.

한 속설은 태양이 기후변화를 일으키는 것이 분명하다는 것이다. 다른 행성들도 역시 더워지고 있기 때문이다. 하지만, 태양계 전체가 더워지는 것은 아니다. 우리 태양계의 백 개의 행성 중에서, 오직 여섯 개의 행성이나 달이 가열되는 것으로 관찰되었다. 천왕성과 같은 일부는 식어가고 있다.

아이러니하게도 다른 행성들이 더워지고 있다는 것을 확신하는 부정론자들은 우리의 행성이 더워지고 있다는 사실에는 종종 회의적이다. 화성이 더워지고 있다는 증거는 22년의 간격으로 찍은 두 개의 사진에 기초하고 있다. 이를 지난 수십 년간 지구가 더워지고 있다는 것을 증명하는 산더미같은 증거와 비교해보라.

★'흑점'(sunspot)에는 '기미'라는 뜻도 있음.

또한 우리는 태양이 태양계를 덥히고 있지 않다는 것을 알고 있다. 왜냐하면 태양의 산출량은 줄어들고 있기 때문이다. 더워지고 있는 행성들의 경우는, 태양활동이 아닌 다른 요인들이 온난화의 원인일 가능성이 높다.

태양에서 멀리 떨어진 행성들은 지구보다 훨씬 긴 궤도를 가지고 있으므로, 기후변화가 계절에 따른 현상일 수도 있다. 지구의 165년이 1년인 해왕성으로 말하자면, 수십 년 동안의 기온 변화는 달마다 바뀌는 우리의 날씨 변화와 같다.

★ 천왕성 (Uranus)을 'Your anus'(너의 항문)으로 발음하며 놀리는 경우가 많아서 천왕성의 발음을 우스꽝스럽게 지적하는 것이다.

과거로부터의 경고: 성미 고약한 기후!

지구의 역사를 통틀어, 기후가 급변했던 시기들이 있었다. 지난 백만 년 동안 우리의 행성은 빙하기에서 온난기로 변했다가 다시 되돌아가곤 했다. 이런 극적인 빙하기 사이클은 지구의 궤도에 생긴 약간의 변화에 의해 일어났다.

월러스 브로커
컬럼비아 대학

과거의 기후변화는 우리에게 큰소리로 알려줍니다. 지구의 기후 시스템은 스스로 안정되는 것과는 거리가 먼, 살짝 건드리기만 해도 과민 반응을 보이는 성미 고약한 짐승과 같다고요.

과거는 우리에게 명백한 메시지를 전달한다. 우리의 기후는 열의 작은 변화에 아주 민감하다고 말이다. 수만 년 동안, 지구의 궤도에 일어난 약간의 변화는 지구가 받는 열의 양에 영향을 끼쳐왔다. 살짝 밀기만 해도 행성을 빙하기에 들어갔다 나왔다 하게 할 수 있다.

지금, 우린 기후를 살짝 밀고 있는 것이 아니다. 우리는 커다란 몽둥이로 내려치고 있는 셈이다! 인간의 흔적은 우리 기후 시스템의 온 사방에서 찾아볼 수 있다. 이것이 기후가 수만 년 동안 그래왔던 것보다 현재 훨씬 빠르게 변화하고 있는 이유이다.

성미 고약한 삼촌 대 성미 고약한 기후

그러나 과거의 기후변화는 잘못 해석될 수 있다. 기후가 과거에 자연적으로 변화해 왔기 때문에, 현재의 온난화 역시 자연적인 것이라는 한 속설이 있다. 이 주장은 성급하게 결론에 도달하는 오류를 범하고 있다. 이것은 마치 과거에 사람들이 자연적 원인으로 죽었기 때문에 현재 살인이 일어나지 않는다고 주장하는 것과 같다.

우리는 매년 열을 붙잡아 두는 수십억 톤의 온실가스를 대기 중으로 내뿜고 있다. 우리가 과거의 기후변화로부터 알게 된 모든 것은 우리 행성이 추가로 더해지는 이 모든 열기에 강하게 반응할 것이라고 경고하고 있다.

🐻 역설 경보!

부정론자들은 인간이 초래한 지구온난화가 문제되지 않는다는 것을 과거의 기후변화가 알려준다고 주장한다. 과거가 정말로 우리에게 알려주는 것은, 우리의 기후가 온실가스 배출로 야기되는 열을 포함해서 열의 변화에 민감하다는 것이다.

그들은 이빨을 드러내고 있는 짐승을 보면서 미소를 짓고 있다고 생각한다. 실제로는 이것은 하나의 경고이다.

기후와 이산화탄소: 강화 피드백

진실

다량의 이산화탄소는 온난화를 일으킨다. 온난화는 더 많은 이산화탄소를 발생시킨다. 두 가지가 합쳐지면 이것은 강화 피드백이다.

속설

"과거에 이산화탄소는 기온에 뒤처졌고 이는 이산화탄소의 온난화 효과를 반증한다."

오류

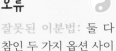

잘못된 이분법: 둘 다 참인 두 가지 옵션 사이의 잘못된 선택을 제시한다.

지난 150년의 과학적 연구조사를 통해 우리는 온실가스가 열기를 가두어 둔다는 사실을 알고 있다. 다량의 이산화탄소는 지구온난화를 일으킨다. 지구가 더 더워지면, 바다는 이산화탄소를 배출한다. 따뜻한 물은 차가운 물만큼 용해된 이산화탄소를 지니고 있을 수 없기 때문이다.

그렇기 때문에 더 많은 이산화탄소는 온난화를 일으키고, 온난화 현상은 더 많은 이산화탄소가 배출되게 한다. 이것은 하나의 강화 피드백이다.

지구가 과거에 지구의 궤도 변화와 같은 요인으로 더욱 따뜻해지자, 바다는 더 많은 이산화탄소를 배출했다. 대기 중에 추가로 더해진 이산화탄소는 온난화를 더욱 부추겼다. 이런 강화 피드백은 지구를 빙하기에서 빠져나오게 할 만큼 강력했다.

하나의 속설은 얼음 핵의 기록에 기초
하여 생겨났다. 부정론자들은 이산화탄
소가 온난화 이후에 증가했으므로 이산화탄소가
온난화를 일으킨 것이 아니라고 주장한다. 이 주장은 잘못된 이분법이라는
논리적 오류를 범하고 있다.

얼음 핵의 기록은 더 많은 이산화탄소가 온난화를 초래하고 온난화가 더 많
은 이산화탄소를 발생시킨다는 것을 알려준다. 두 가지의 옵션이 모두 옳다.
잘못된 이분법 오류는 닭이 알을 낳거나 닭이 알에서 나와야 하지만, 둘 다
옳을 수는 없다고 주장하는 것과 같다.

이산화탄소 발생이 뒤처지는 것이 온난화 효과가 틀렸음을 입증
하는 것은 아니다. 그와 반대로 얼음 핵의 기록은 온실가스 배출
로 야기된 온난화를 증폭시키는 강화 피드백의 증거를 제공해
준다.

* 시스(Sith)는 영화 〈스타워즈 시리즈〉에 나오는 종족으로 악의 무리.

인류의 지문은 유력한 용의자를 제외시킨다

과학자들은 우리 기후의 전반에서 여러 패턴들을 관찰하고 있다. 이런 패턴들의 대부분은 태양, 화산, 또는 내부 변동성(예: 해양 순환)과 같은 자연적 요인을 최근의 기후온난화의 주요인에서 제외시킨다. 관찰되는 모든 기후 패턴에서 일관되게 관찰되는 한 요인은 온실가스로 인한 온난화이다.

	이산화탄소	태양	화산	내부 변동설
여름보다 빨리 더워지는 겨울	✓	✗	✗	✗
식고 있는 높은 대기권층	✓	✗	✗	✗
상승하는 권계면	✓	✓	✓	✗
우주로 빠져나가는 더 적은 열	✓	✗	✗	✗
지구로 돌아오는 더 많은 열	✓	✗	✗	✗
낮보다 빨리 더워지는 밤	✓	✗	✗	✗
해양 온난화의 패턴	✓	✗	✗	✗
해양보다 빨리 더워지는 육지	✓	✗	✗	✗

여러 증거들은 우리가 지구온난화를 일으키고 있음을 말해준다. 인간의 지문이 우리 기후의 온 사방에서 발견된다. 기후변화의 영향은 얼마나 심각한 것일까?

결과
부정하기

뭐가 문제라고?
난 괜찮은데!

사회와 환경 전반에 영향을 미치는 기후변화

진실

기후변화는 농업, 건강, 인프라, 그리고 환경을 포함한 사회의 거의 모든 측면에 영향을 미칠 것이다.

속설

"온난기는 사람들에게 좋다."

오류

체리 피킹: 지구온난화의 모든 부정적 영향을 무시한다.

지구온난화는 사회와 환경 전반에 걸쳐 부정적인 영향을 준다. 녹고 있는 빙하는 지구 인구 6분의 1의 물 공급을 위협한다. 수억 명의 사람들은 증가하는 해안가의 침수에 영향을 받는다. 온난화는 모기와 같이 질병을 옮기는 곤충들의 이동을 초래한다.

지구온난화의 부정적 영향으로부터 주의를 딴 데로 돌리기 위해, 부정론자들은 이로운 영향들만 자기 입맛대로 고르고 전체적인 전체적인 그림은 무시한다. 그들은 지구온난화 덕분에 적도에서 멀리 떨어진 일부 지역들이 농업 측면에서 더 생산적이 될 수 있다고 주장한다. 그러나 이것은 다른 지방들은 과도한 온난화로 어려움을 겪을 것이고, 농업에 미치는 총체적인 영향은 부정적일 것임을 무시하는 발언이다.

게다가, 해수면 상승이나 해양 산성화 같은 긍정적인 면이 없는 기후 영향도 있다.

지구온난화의 이점에만 주목하고 수많은 부정적 영향을 무시하는 것은 흡연을 몸무게 감량 방법으로 선전하는 것 만큼이나 타당하지 않다.

이얏호!

극단적으로 치닫는 기후!

모든 날씨 현상은 지구온난화에 의해 어떤 형태로든 영향을 받는다. 이것은 열의 축적, 대기의 증가된 습기, 그리고 해수면 상승을 포함한다. 추가적인 열의 직접적인 영향은 더 강력하고 빈번한 폭염이다.

온난화는 지면과 수원(水源)에서의 수분 증발을 가속화시키기도 한다. 지표면이 마르면서 가뭄이 극심해지고 화재의 위험이 증가한다. 추가로 발생하는 증발은 또한 더 많은 수분을 대기 중에 더하게 된다. 따듯해진 공기는 더 많은 수증기를 포함할 수 있다. 이 두 가지 요인이 더 강한 폭우로 이어진다. 따듯해진 바다는 더 많은 에너지를 허리케인에 공급해주어 더욱 강력하게 만든다.

이봐, 주사위에 그림을 그렸잖아! 모든 면에 다 6이 있어!

그 숫자 6이 자연적으로 생긴 건지 알 수 없잖아!

날씨는 주사위를 던지는 것처럼 예측하기 어렵다. 지구온난화는 다양한 종류의 기상이변의 발생률과 강도를 증가시킨다. 이것은 주사위에 동그라미를 더 그려서 높은 숫자가 나올 확률을 높이는 것과 같다.

사람들은 종종 "특정한 날씨 현상이 기후변화에 의해 일어났나요?"라고 묻는다. 그것은 잘못된 질문이다. 조금 더 적절한 질문은 "날씨 현상들이 기후변화에 영향을 받나요?"이다. 그리고 대답은 "그렇습니다" 이다. 지구온난화는 기상이변의 발생 빈도와 강도를 증가시키고 있다.

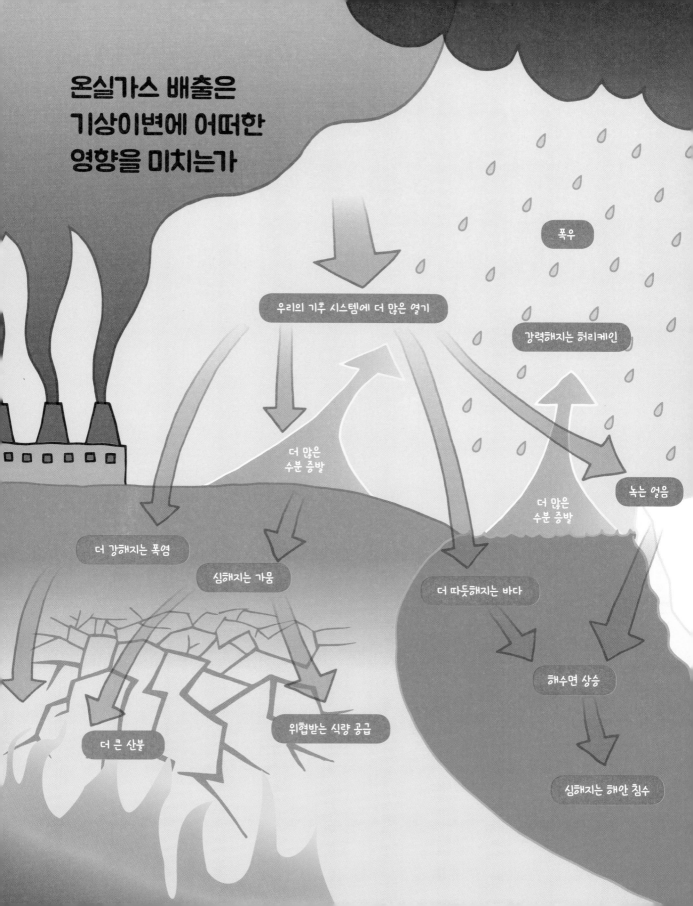

날씨는 펀치를 날리지만 기후는 복서를 훈련시키지 — 윽!

데크 아른트
미국 해양대기청

더욱 뜨거워지고 잦아지는 폭염

폭염은 더 뜨거워지고, 오래 지속되고, 그리고 더욱 자주 발생한다. 지구온난화로 인해 세계적으로 폭염이 5배나 많이 발생한다.

> 날씨는 당신의 기분과 같고, 기후는 당신의 성격과 같습니다.

마쉘 쉐퍼드 교수
조지아 대학

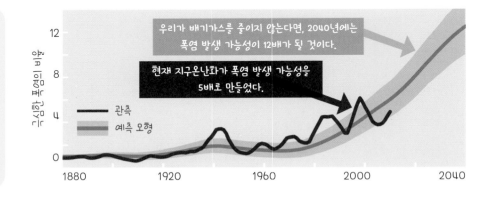

우리가 배기가스를 줄이지 않는다면, 2040년에는 폭염 발생 가능성이 12배가 될 것이다.

현재 지구온난화가 폭염 발생 가능성을 5배로 만들었다.

관측
예측 오형

미래에 폭염의 횟수가 늘어날 것으로 예상된다. 온실가스 배출량을 줄이지 않는다면, 2040년에는 폭염이 발생할 가능성이 12배가 될 것이다.

부정론자들은 증가하는 폭염의 위험으로부터 주의를 딴 데로 돌리려고 한다. 그들은 폭염이 과거에도 발생했기 때문에 현재의 폭염이 지구온난화에 영향을 받는 것이 아니라고 주장한다.

진실

현재 폭염의 위험이 지구온난화에 의해 5배나 커졌다.

속설

"폭염은 예전에도 발생했기 때문에 그것은 정상이다."

오류

성급한 결론: 폭염이 예전에 발생했다고 해서 우리가 지금 폭염에 영향을 끼치지 않는 것은 아니다.

이 논쟁은 성급한 결론에 도달하는 오류를 범하고 있다. 이것은 마치 인간이 담배가 발명되기 한참 전부터 암으로 죽었기 때문에, 흡연이 암을 일으키지 않는다고 주장하는 것과 같다. 과학은 우리에게 명백한 메시지를 보내고 있다. 폭염은 역사에 걸쳐 일어났지만, 지구온난화가 폭염의 빈도를 높이고 있고, 그 위험은 미래에 더욱 증가할 것이다.

더욱 강력해지는 허리케인

진실

해양의 열은 허리케인을 부채질하여, 허리케인을 더 강하게 하지만 더 빈번하게 만들지는 않는다.

속설

"허리케인은 지구온난화와 관련이 없다."

오류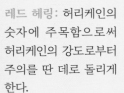

레드 헤링: 허리케인의 숫자에 주목함으로써 허리케인의 강도로부터 주의를 딴 데로 돌리게 한다.

허리케인은 심각한 해안 침수로 이어질 수 있는 폭풍 해일을 일으킨다. 이런 폭풍 해일은 지구온난화로 상승한 해수면 때문에 더욱 파괴적이 된다. 해수면 상승은 허리케인 샌디* 당시에 80억 달러의 추가적 피해를 야기했다.

지구온난화는 또한 더 많은 수분을 공기 중에 더하여 더욱 강한 폭우와 홍수를 일으킨다. 허리케인이 따뜻해지는 바다로부터 더 많은 에너지를 끌어들여 바람의 세기가 더욱 강해진다.

부정론자들은 허리케인의 활동이 적었던 시기들을 가리키며 지구온난화가 허리케인에 미치는 영향을 무시한다. 이것은 레드 헤링이다. 지구온난화는 허리케인을 더욱 강력하게 하지만 더욱 빈번하게 만들지는 않는다. 허리케인의 숫자에 집중하는 것은 허리케인이 더욱 강력해지고 있다는 사실로부터 주의를 딴 데로 돌리는 것이다.

허리케인이 대단히 심각한 영향을 끼친 후에, 부정론자들이 흔히 반복하는 말은 기후변화에 대해 얘기하기엔 너무 이르다는 것이다. 하지만 그때 바로 우리는 기후변화가 모든 사람에게 날씨를 위험하게 만들고 있다는 대화를 해야 한다.

---

* 허리케인 샌디(Hurricane Sandy)는 2012년 10월 말, 자메이카와 쿠바, 미국 동부 해안에 상륙한 대형 허리케인이다. 최대 풍속이 초속 50m에 가까울 정도로 엄청난 위력을 발휘했다.

식물은 음식과 물이 필요하다

진실

식물은 잘 자라려면 적절한 양의 물이 필요하다. 기후변화는 그 균형을 뒤엎는다.

속설

"이산화탄소는 식물의 음식이다."

오류

지나친 단순화: 이산화탄소는 식물의 성장에 영향을 주는 한 요소이나, 전체적인 그림은 부정적인 기후 영향이 그 어떤 이득보다 크다는 것을 보여준다.

식물이 잘 자라기 위해서는 적절한 양의 물이 필요하다. 지구온난화는 물의 순환을 교란시킨다. 어느 지역은 더 습해지고 홍수를 겪게 하는가 하면 또 다른 지역은 더욱 메마르고 가뭄을 겪게 한다. 홍수와 가뭄 둘 다 식물이 자랄 능력을 저해한다.

식물은 또한 쾌적한 온도의 범위가 필요하다. 날씨가 너무 더우면 작물 수확량이 줄어든다. 극심한 폭염은 식물의 성장에 특히 더 가혹하다.

한 속설은 "이산화탄소가 식물의 음식"이므로 온난화 현상이 식물들에게 좋을 것이라고 주장하면서 부정적인 영향을 무시한다. 이 주장은 식물이 어떻게 자라는지를 지나치게 단순화한다. 식물이 자라기 위해 이산화탄소가 필요하지만, 이것은 식물이 잘 자라기 위해 필요한 한 가지 요소일 뿐이다. 이 속설은 인간에게 칼슘이 필요하므로 우리는 아이스크림만 먹으면 된다고 말하는 것과 같다.

우리는 이산화탄소와 물을 고려해 볼 필요가 있다. 부정적인 기후 영향이 추가적인 이산화탄소로부터 얻는 조그만 이득을 능가한다.

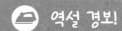

역설 경보!

부정론자들은 대기 중의 이산화탄소 양이 기후를 변화시키기에는 너무 적다고 하면서도 이산화탄소가 행성을 푸르게 한다고 주장한다.

이산화탄소는 심각한 오염원이다

오염원은 해로운 영향을 끼치는 모든 물질을 말한다. 우리에게는 과도한 이산화탄소가 해롭다는 압도적인 증거가 있다. 이는 지구를 덥히고, 기상이변을 악화시키고, 해수면을 상승시키고, 해양을 산성화시킨다.

지역적인 오염원과는 달리 이산화탄소가 초래하는 피해는 온 행성에 두루 미친다. 이산화탄소는 대기 중에 수천 년 동안 머문다. 대부분의 지역적인 오염원은 그만큼 오래 남아있지 않는다. 미국 환경보호국은 이산화탄소의 기후 영향이 공중 보건과 복지에 명백한 위협이 되므로 이산화탄소가 오염원으로 규제되어야 한다고 결론을 내렸다.

부정론자가 기후 영향의 심각성을 회피하는 하나의 방법은 "이산화탄소는 오염원이 아니다"라고 주장하는 것이다. 오염원이라는 단어의 전문적 정의를 두고 옥신각신하는 것은 레드 헤링이다. 이것은 이산화탄소가 우리의 기후를 변화시키고 해를 끼친다는 사실로부터 주의를 딴 데로 돌리는 부적절한 논점이다.

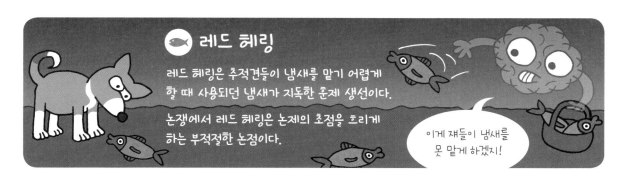

레드 헤링

레드 헤링은 추적견들이 냄새를 맡기 어렵게 할 때 사용되던 냄새가 지독한 훈제 생선이다.

논쟁에서 레드 헤링은 논제의 초점을 흐리게 하는 부적절한 논점이다.

이게 쟤들이 냄새를 못 맡게 하겠지!

진실

오염원은 환경을 망치는 물질이다. 이산화탄소는 열을 가둠으로써 그런 일을 한다.

속설

"이산화탄소는 오염원이 아니다."

오류

레드 헤링: 오염원이라는 단어의 전문적 정의를 두고 옥신각신하는 것은 지구온난화의 부정적인 영향으로부터 주의를 딴 데로 돌리는 일이다.

북극곰의 생사는 해빙에 달렸다

북극곰이 생존하기 위해서는 바다의 얼음이 필요하다. 물개 사냥을 위해, 물에 떠 있는 해빙이 플랫폼으로 필요하다. 문제는 북극의 해빙이 녹고 있다는 것이다. 북극곰은 해빙에 도달하기 위해 먼 거리를 헤엄쳐야 한다. 이는 북극곰의 사냥 능력과 그 생존 자체를 위협한다.

북극이 모두 같은 것은 아니다. 어떤 지역에서는 지구온난화로 인해 더 긴 얼음 없는 시기를 거치며 얼음이 매년 녹았다가 다시 얼기도 한다. 또 다른 지역에서는 얼음이 한 해 동안 유지되기도 한다. 얼음이 가장 많이 녹고 있는 북극 지역에서 북극곰의 개체 수가 줄어들고 있다. 지구온난화와 얼음이 녹는 현상, 그리고 북극곰이 받는 위협 사이의 연관성이 명백하다.

부정론자들은 1970년대에 비해서 현재 더 많은 북극곰들이 있기 때문에 북극곰이 더 이상 지구온난화로 인한 위험에 놓여있지 않다고 주장한다. 이 주장은 북극곰의 생존에 영향을 주는 다른 요인들을 무시하는 지나친 단순화이다.

20세기에는 북극곰 사냥이 흔했다. 매년 천여 마리 이상의 곰이 죽임을 당했고, 개체 수는 줄어들었다. 그러나 1950년대와 1970년대 사이에, 여러 나라가 사냥 제한법을 통과시켰다. 이것은 북극곰의 개체 수 회복을 도왔다.

상식적인 법이 북극곰에게 존재하는 한 가지 위협을 제거했다. 그러나 이제 우리는 인간이 초래한 지구온난화로 그들의 생존을 위협하고 있다.

진실

북극곰은 사냥하려면 해빙이 필요하므로 녹고 있는 해빙은 그들의 생존을 위협한다.

속설

"북극곰의 개체 수가 늘어났으니 그들은 더 이상 지구온난화로 위험에 처해 있지 않다."

오류

지나친 단순화: 한 가지 위협(사냥)이 제거되었지만, 그것은 지구온난화로 녹고 있는 해빙의 점점 커져가는 위협으로 대체되었다.

해양 산성화: 지구온난화의 사악한 쌍둥이

와하핫!

우리가 배출하는 이산화탄소의 약 30%는 바다에 의해 흡수되어 바닷물을 산성으로 만들고 있다. 이산화탄소가 바닷물에 용해되면 여러 화학반응이 일어난다. 가장 중요한 점은, 탄산염 이온이 중탄산염 이온으로 변환되는 것이다. 해양 동물과 식물은(산호초를 만드는 것과 같은) 탄산염 이온으로 뼈대와 껍데기를 만들기 때문에 이것은 문제가 된다. 해양 산성화는 그들이 사용할 수 있는 빌딩블록*들이 적어진다는 뜻이다.

우리 블록들이 다 어디 갔지?

부정론의 한 속설은 바다가 현재 산성이 아니므로 산성화는 문제가 아니라고 주장한다. 이 논쟁은 레드 헤링이다. 문제는 바다가 더욱 산성 쪽으로 변하고 있다는 것이다. 바닷물이 대체로 알칼리성인지 산성인지에 주목하는 것은 초점을 흐리게 하는 일이다.

이는 뜨거운 목욕물에 차가운 물을 부으면서 '식히는 것'이라고 부르는 것과 같다. 목욕물이 금방 차가워지지는 않을지라도 온도는 내려가고 있다. 같은 방식으로, 해양이 대부분 산성화되지는 않더라도, 우리가 배출한 이산화탄소를 흡수하면서 더욱 산성화하게 된다.

물은 아직 따듯하니까 불평 그만해!

저기, 목욕 물을 더 차갑게 만들고 있잖아요!

* Building block: 무언가를 구성하는 기본 단위.

현재 산성화 속도는 공룡들이 6500만 년 전에 멸종한 이후로 그 어느 때보다 빠르다. 그 당시에 화산 분출과 유성의 영향이 75%의 세계 생물들을 전멸시키는 급속한 기후변화를 일으켰다. 산호초는 황폐화되고, 많은 종이 멸종되었다.

진실

산호초는 지구온난화와 해양 산성화로 인해 영구적인 손상을 입을 것이다.

속설

"산호초는 과거에 그래왔던 것처럼 회복될 수 있다."

오류

그릇된 설명: 과거에 산호초가 대멸종 사건으로부터 회복하기까지 수백만 년이 걸렸다.

부정론자들은 산호초가 과거의 멸종 사건으로부터 회복을 했기 때문에, 현대의 지구온난화로부터도 회복될 것이라고 주장한다. 이 논쟁은 잘못된 전달이다. 이는 산호초가 대멸종 사건으로부터 회복하기 위해 수백만 년이 걸렸다는 사실을 무시한다. 과학자들은 우리가 현재 또 다른 대멸종 사건을 일으키고 있다고 믿는다. 이로부터 회복하려면 비슷한 만큼의 긴 시간이 필요할 것이다.

지구온난화의 사악한 쌍둥이

물이 너무 뜨거워질 때 지구온난화는 산호초를 손상시킨다. 산성화는 더욱 큰 피해를 일으킨다.

이런 이유로 해양 산성화는 지구온난화의 사악한 쌍둥이라는 꼬리표가 붙었다.

만약 해양 산성화가 사악한 쌍둥이라면, 지구온난화는 착한 쌍둥이라는 뜻인가요?

나 아니었어!

아니, 너희 둘 다 사악해.

PLOP

피드백은 감옥 탈출 카드가 아니다

우리가 열을 가두는 가스를 대기 중으로 배출시킬 때 지구는 따듯해진다. 그러나 이것은 여기에서 멈추지 않는다. 이에 대응하여 여러 피드백이 일어난다. 어떤 것은 온난화를 확장하고, 다른 것은 억제한다. 전체적인 효과는 어떨까?

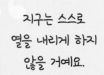

지구는 스스로
열을 내리게 하지
않을 거예요.

케이트 마블
나사 (NASA)

기후 피드백의 예

낮은 구름의 증가는
식는 현상을 일으킨다

적은 해빙은
바다가 더 많은 열을
흡수하도록 한다

높은 구름의 증가는
온난화를 일으킨다

기후의 민감도는 우리가 대기 중 이산화탄소의 양을 두 배로 늘렸을 때 우리의 지구가 얼마나 더 더워지는지를 잰 양이다. 과학자들은 기후의 민감도를 여러 가지 다양한 방법으로 계산한다. 기온계의 측정, 위성 자료, 해양 열, 과거 기후변화, 그리고 기후 모델 등의 방법이 있다. 이 모든 독자적인 접근법은 일관된 답으로 수렴된다. 지구는 두 배의 이산화탄소에 대응하여 3도 정도 더워질 것이다.

내 연구에 의하면,
기후는 민감합니다.

어떻게 그런 말을!?!
내 이온*을 통틀어 이렇게
모욕당한 적이 없어요!

네, 당신의 결과가
맞네요.

* EON: 지질학적인 연대 구분의 최대
단위로 100억 년을 일컬음.

두 배로 늘어난 이산화탄소로 인한 직접적인 온실 온난화는 1℃ 가량이 된다. 여러 피드백이 영향을 끼친 이후의 최종적 온난화의 양은 3도이다. 달리 말하자면, 증폭시키고 약화시키는 모든 피드백을 다 합한 이후에 최종적인 강화 피드백의 영향은 이산화탄소로 인한 직접적인 온난화의 세 배가 된다.

한 속설은 기후의 민감함의 정도가 낮고, 우리의 이산화탄소 배출로 인한 온난화는 미미할 것이라고 주장한다. 이 속설은 기후 민감도를 추정하기 위해 사용되는 여러 방법 중에서 자기 입맛대로 고르는 것이다. 이는 고립된 연구만 보고 나머지 과학 커뮤니티가 진행한 전체적인 연구조사는 보지 않는다.

기후 민감도에 대한 조금 더 완전한 그림을 보려면 고립된 연구만이 아닌 과학 커뮤니티에 의한 전체적인 연구를 고려해야 한다.

생물 종들은 기후변화를 따라가지 못한다

자연환경이 변하면 생물 종들은 살아남기 위해 진화해야 한다. 이런 진화 과정의 변화는 수천 년이 걸린다. 그러나, 우리가 수십 년간 급격한 기후변화를 일으키고 있어서, 생물 종들은 따라오지 못하고 있다.

기후가 너무 빠르게 변화하면 생물 종들은 멸종한다. 지구 역사상, 대부분의 생물 종들이 멸종한 다섯 번의 대멸종 사건이 있었다. 각각의 상황마다 급격한 기후변화가 이에 기여하는 요인이었다.

과학자들은 지구가 여섯 번째 대멸종 사건에 접어들고 있을지도 모른다고 우려한다. 지난 500년 동안 이전 다섯 번의 대멸종 사건만큼이나 빠르게 멸종이 일어나고 있다. 이런 멸종 사건은 보통 수십만 년에서 수백억 년이 걸린다. 만약 현재 멸종 위기에 처해 있는 모든 생물 종이 사라진다면 현재의 대멸종 사건은 몇백 년에 걸쳐 일어날 것이다.

1 오르도비스기는 캄브리아기의 다음인 약 5억 년 전부터 4.4억 년 전에 해당되는 고생대의 1기.
2 데본기는 실루리아기에 이어진 약 4.1억~3.6억 년 전 시기에 해당되는 고생대의 1시기. 육상식물이 번성하고 많은 어류가 출현하였다.
3 페름기는 이첩기(二疊紀). 석탄기에 이어진 약 2.8억 년 전부터 2.4억 년 전에 해당되는 고생대 최후의 1기. 캄브리아기의 다음인 약 5억 년 전부터 4.4억 년 전에 해당되는 고생대의 1기.

한 가지 속설은 생물 종들이 지구의 변화하는 기후에 간단히 적응할 수 있을 것이라고 말한다. 이는 성급한 결론에 이르는 오류를 범하고 있다. 단지 생물 종들이 어느 환경에 적응할 수 있다고 해서 그들이 어떤 새로운 상황에도 적응할 수 있다는 뜻은 아니다.

생물 종들이 환경 변화에 얼마나 빨리 적응할 수 있는지에는 한계가 있다. 과거의 대멸종 사건을 거치며 4분의 3이 넘는 세계의 생물 종들이 멸종했다.

지금 우리는 기후를 너무 빠르게 변화시키고 있기에 생물 종들은 따라잡는 것을 이미 힘겨워 하고 있다. 만약 우리가 지금처럼 화석연료를 계속 태운다면, 이번 세기 말까지 40%가 넘는 생물 종들이 멸종할 수도 있다. 우리는 여섯 번째 대멸종 사건의 초기 단계에 있을 뿐이다. 우리는 아직까지는 방향을 바꾸어 많은 생물들의 멸종을 막을 수 있다.

진실

생물 종들이 적응할 수 없을 만큼 기후변화가 너무 빨리 일어나면 생물들은 멸종한다. 현재 생물 종들이 지난 대멸종과 비슷한 비율로 멸종하고 있다.

속설

"생물 종들은 기후변화에 적응할 수 있다."

오류

성급한 결론: 생물 종들이 점진적인 기후변화에 적응할 수 있다고 해서 현재 일어나는 급격한 기후변화에도 적응할 수 있다는 뜻은 아니다.

대멸종을 대수롭지 않게 여기다

한 왜곡된 논쟁은 생물 종들이 과거에도 멸종해왔기 때문에, 우리가 현재 일으키고 있는 대멸종도 자연적이니 걱정할 것이 아니라고 한다.

안심하세요 여러분! 비행기는 전에도 추락한 적이 있어요!

우리가 탄 채로는 아니었죠!!!

단지 예전에 일어났다고 현재에도 우리가 같은 일을 겪고 싶어 한다는 뜻은 아니다. 비행기 추락사고는 예전에도 일어났지만, 어느 누구도 그 상황에 처하고 싶어 하진 않는다.

4 트라이아스기란 중생대를 셋으로 나눈 것 중 첫 번째 기간을 말한다. 고생대 페름기와 중생대 쥐라기 사이에 있는 시대로 2억3000만 년 전에서 1억8000만 년 전까지 지속되었다. 동물계는 두족류인 암모나이트가 크게 번성하기 시작했고, 파충류는 트라이아스기에 급속히 발전하여 공룡으로 퍼져 나갔다.
5 백악기는 중생대의 마지막 기이며, 약 1억3,600만 년 전에 시작되어 7,100만 년 동안 지속되었다.

기후 음모론: 이동하는 생물들

탄소의 행성

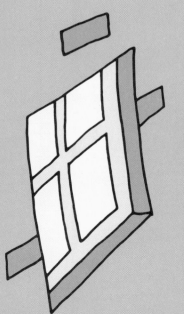

과학 지지하기

과학은 끈질기고 강력한 공격을 받고 있다. 이것은 전 세계에 있는 수백 수천 명의 사람들이 거리로 나와 과학을 지지하도록 고무했다. 그러나 최근의 일제 지원 사격은 단지 기나긴 잘못된 정보 캠페인의 가장 새로운 장(章)일 뿐이다. 기후 과학은 수십 년간 공격당해 왔다.

1 사인은 sign, sine 두 가지 의미를 포함한다.
2 √(-1). 실제로 존재하지 않는 허상 속의 수, 허수.
3 스트레이트 배트. 크리켓 게임에서 수직으로 잡은 배트를 말하며 정직하고 명예로운 행동을 말한다.
4 유명한 노래 〈Gas, Gas, Gas〉에 비유한 것으로 보임.
5 엔트 부인. 반지의 제왕에 나오는 나무 종족 엔트의 여성형.
6 초짜 실수. 우키(사인을 들고 있는 캐릭터) 실수는 루키(초짜) 실수와 운율을 맞추고 있음.

갈릴레오 대 교단: 어느 쪽이 과학 부정론자인가?

진실

갈릴레오는 과학적 증거로 이념적인 세계관을 뒤집었다. 이로써 그를 부정론자보다는 기후 과학자로 볼 수 있다.

속설

"기후 부정론자들은 갈릴레오처럼 합의된 의견에 맞선다."

오류

그릇된 설명: 부정론자들은 그들의 이념을 위협하는 과학을 거부한 갈릴레오의 비판가에 더 가깝다.

과학은 갈릴레오(1500년대의 이탈리아 과학자)의 시대 때부터 공격당해 왔다. 증거에 기초한 그의 접근 방법은 과학적 방법으로 알려졌다. 망원경을 이용하여 갈릴레오는 행성들이 태양 주위를 돈다는 증거를 수집했다. 이는 천 년 동안 우주를 이해해온 기존의 방식에 도전하는 것이었다. 이에 대응하여 교단은 그의 과학을 공격했다. 성경의 문자 그대로의 해석에 기초한 그들의 이념은 지구를 우주 중심에 두었기 때문이다.

부정론자들은 그들이 일반적인 통념에 도전장을 던지는 갈릴레오와 같다는 믿음을 내세우려 한다. 그러나 부정론자들은 그들의 세계관을 위협하는 과학적 증거를 거부하던 중세 시대의 교단에 더 가깝다. 갈릴레오의 비판가와 같이 그들은 과학적 자료를 공격하고, 일반 대중에게 의혹의 씨앗을 심고, 오래된 믿음을 되살리려 한다.

누가 진짜 불안 조성자인가?

진실

과학자는 기후의 영향을 과장하기 보다는 적게 추정할 가능성이 20배나 높다.

속설

"기후 과학자들은 불안을 조성하는 자들이다."

오류

체리 피킹: IPCC가 기후변화를 과대평가 하는 것만 보고 과소평가는 무시한다.

'기후변화에 관한 정부간 협의체'(IPCC)는 기후변화와 관련해 과학을 평가하고 요약한다. 1990년부터 그들은 5개의 보고서를 발표했다. 각각의 요약 보고서에 있는 모든 문장은 엄격하게 검토되었고, 세계의 정부들은 그 보고서에 동의해야 했다. 결과적으로 IPCC 보고서는 비교적 보수적인 경향이 있다.

이전의 보고서에서 그들은 우리가 얼마만큼의 온실가스를 내뿜는지 과소평가했다. IPCC는 북극의 해빙이 실제로 녹는 속도보다 훨씬 더디게 녹을 것이라고 예측했다. 해수면 상승은 그 어떤 기후 모델이 예상했던 것보다 더욱 빠르게 가속화되었다.

IPCC 보고서 이후에 발표된 새로운 과학적 발견은 IPCC의 예측보다 20배는 더 심각했다. IPCC는 기후의 영향을 조직적으로 과소평가해오고 있다.

기후 과학자들과 IPCC는 종종 지구온난화의 위험을 과장하며 불안을 조성한다는 누명을 쓰곤 한다. 이 속설은 IPCC가 기후 영향을 과대평가하는 드문 예들을 자기 입맛대로 고르고 있다. 그들은 기후 영향을 과소평가하는 쪽으로 기운다. 불안을 조성하는 것과는 정반대이다.

기후 과학자들은 기후 위험을 과장한다는 누명을 쓴다

우리는 모두 죽을 거예요!

··· 실제로, 그들은 기후 위험을 과소평가할 가능성이 20배나 더 높다.

생물종의 30%가 멸종할지도 몰라요.

잠깐만, 뭐라고요?

아, 아무것도 아닙니다.

불확실성에도 불구하고 우린 문제가 있다고 확신한다

과학자에게 불확실성이라는 단어는 보통 사람들에게 의미하는 것과는 다른 뜻을 지니고 있다. 과학자가 아닌 사람에게는 불확실성은 마치 과학자들이 무슨 일이 벌어지는지 모른다는 듯한 느낌을 주는 무지의 의미를 지니고 있다. 과학자들에게 불확실성이란 최적 추정치를 중심으로 한 수치 범위를 뜻한다. 예를 들어 대기 중의 이산화탄소가 두 배로 증가하면 기후는 2도에서 4.5도 사이로 더 더워지는 것으로 반응할 것이라 예측되고, 최적 추정치는 3도이다. 우리는 3도의 온난화를 예상하지만, 그 이하이거나 이상일 수도 있다.

　기후 부정론자들은 불확실성이 있으므로 우리가 아무런 행동도 취하지 않아야 한다고 주장한다. 그러나 우리가 정확한 위험 수치를 모른다고 해서 위험이 존재하지 않는다는 뜻은 아니다. 불확실하다는 것은 기후 영향이 우리의 최적 추정치보다도 더 심각할 수 있다는 뜻이다.

역설 경보! 확신할 수 없는 것이 너무 많아… 하지만 난 문제가 없다는 것은 확신하지!

"확실할 때까지 행동을 취하지 말라"고 주장하는 것은 독약을 마시면 다양한 부작용이 일어날 수 있지만 그래도 독을 마시라는 것과 같다.

최선의 경우에 이 독약은 배탈을 일으킬 거예요. 최악의 경우엔 당신의 눈에서 피가 나고 뇌가 녹을 겁니다!

그럼 확실히는 모른다는 거요? 한 잔 주시오!

부정론자가 위험 요소를 다루는 법

97% 합의에 대한 의견 일치

진실

기후 과학자들의 97%는 인간이 지구온난화를 일으킨다는 것에 동의한다.

속설

"3만천 명의 과학자들은 인간이 초래한 지구온난화에 대해 논쟁을 벌이고 있으므로 합의에 이르지 못하고 있다."

오류

가짜 전문가: 기후 과학자가 아닌 사람들을 이용하여 존재하지 않는 과학적 논쟁이 이어지는 것같은 인상을 준다.

확대된 소수: 3만천 명은 미국의 모든 자연과학 졸업생의 0.3%밖에 되지 않는다.

97% 합의에 대한 의견 일치

여러 개의 연구가 기후변화에 대한 과학계의 동의의 정도를 수치화했다. 2009년에 피터 도란이 행한 연구조사에 의하면 논문을 게재한 기후 과학자들의 97.4%는 인간이 지구의 기온을 변화시킨다는 데에 동의한 것이 드러냈다. 2010년에 빌 안더레그는 기후변화에 대한 공개 보고서를 분석했다. 그는 가장 활발히 논문을 내는 기후 과학자의 97~98%가 인간이 지구온난화를 일으킨다는 것에 대해 동의한다는 것을 알아냈다.

존 쿡은 2013년 연구원 팀을 이끌어 지구온난화에 대한 21년 간의 과학 학술지를 분석했다. 관련 있는 기후 학술지 중에서 97%가 합의를 단언했다. 세 분야의 서로 다른 연구는 모두 압도적으로 과학적인 의견 일치를 보이고 있다.

또한 과학적 합의는 미국 지구물리학회, 유럽 지구과학연맹, 영국 왕립기상학회, 호주 기상청과 같은 세계의 많은 과학 단체로부터 지지를 받아왔다. 80개국의 국립과학원은 모두 인간이 초래하는 지구온난화를 확언했다.

부정론자들은 기후변화에 대한 과학적 합의가 없다고 주장한다. 그것은 3만천 명의 자연과학 졸업생들이 의견 일치를 거부하는 청원에 서명했기 때문이다. 이 논쟁은 가짜 전문가에게 어필하는 것이다. 이 청원 프로젝트의 자격조건으로는 어떤 종류의 자연과학이든 학사 학위만 있으면 되었다. 서명인의 단 0.1%만이 기후 과학자였다. 어려운 주제에 대해 비전문가의 의견을 묻는 것은 컴퓨터 과학자에게 심장 수술을 집행하라고 부탁하는 것과 같다.

이 논쟁은 또한 과장된 소수집단 수법을 사용함으로써 오도한다. 1971년부터 천만 명이 넘는 사람들이 자연과학 학위를 취득했다. 이는 자연과학 학위를 지니고 있는 미국인의 0.3%만이 청원에 서명했다는 뜻이다.

합의에 의혹을 제기하기 위해 반대의견을 가진 수천 명의 비전문가를 인용하는 것은 1970년대의 담배 산업이 이미 완성시킨 아주 오래된 수법이다.

부정론자들은 어떻게 합의의 갭을 유지하는가

일반 대중이 과학적 사안이 해결되었음을 알게 되면 지구온난화에 대한 견해가 바뀔 겁니다. 그렇기에 우리는 과학적 확신이 없다는 것을 계속 논의의 중점으로 만들어야 합니다.

프랭크 런츠
공화당 전략가

기후 부정론자들은 수십 년간 과학적 합의에 의혹을 제기하려는 시도를 해왔다. 왜 합의를 공격하는 것일까? 공화당 전략가인 프랭크 런츠는 시장조사를 통해 사람들의 의견은 인간이 일으키는 지구온난화에 대해 전문가들이 동의하는가에 달려있음을 알아냈다. 런츠는 공화당 정치가들에게 과학적 합의에 의혹을 제기하라고 조언했다.

수십 년간의 잘못된 정보는 타격을 주었다. 대중은 인간이 초래한 지구온난화에 대해 67%의 기후 과학자들이 동의한다고 잘못 생각하고 있다. 대중의 인식과 97%의 합의 사이의 깊은 골은 합의의 갭이라고 알려져 있다.

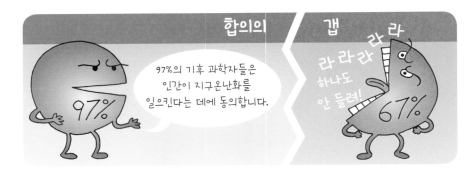

런츠의 통찰 후 십여 년간 사회 과학자들은 사람들이 합의에 대해 어떻게 생각하는지 연구하기 시작했다. 그들은 합의에 대한 대중의 인식을 "게이트웨이 믿음*"이라 명명했다. 사람들이 과학적 합의가 존재한다는 것을 알게 되면 기후변화가 일어나고 있고 행동을 요한다는 것을 받아들일 가능성이 높아진다. 사회 과학자들은 인간이 지구온난화를 일으킨다는 것에 대한 전문가들의 압도적 합의에 과학자들이 동의하지 않는다는 오해를 바로 잡기 위해 그 사실을 알려야 한다고 권고한다.

* 게이트웨이 믿음: (중독성이 강한 다른 약물 복용으로 쉽게 넘어가도록 하는 약한 초기 약물인 게이트웨이 약물과 흡사하게) 다른 믿음으로 손쉽게 이어지도록 하는 믿음.

97%의 합의가 있음을 알리는 것이 잘못된 정보 캠페인이 초래한 피해를 원상태로 되돌리기 시작했다. 지난 5년간, 과학적 합의에 대한 대중의 의식이 꾸준히 높아지고 있다.

이것은 과학적 합의가 없다고 주장한 동일한 부정론자들이 새로운 논쟁을 하도록 했다. 이제 그들은 과학적 합의에 대해 얘기하지 않아야 한다고 반박한다. 부정론자들은 과학자들이 기후변화에 동의하지 않을 뿐만 아니라 과학자들이 이런 오해를 푸는 것을 멈춰야 한다고 대중을 설득하고 싶어한다.

인간이 초래하는 지구온난화 사례는 97%의 합의에 기초한 것이 아니다. 이것은 (책임 부정하기 장에 설명되어 있듯이) 과학적 증거에 기초하고 있다.

그럼에도 대중은 종종 기후변화와 같은 복잡한 주제에 대한 관점을 안내해 줄 전문가의 의견에 의지한다. 이것이 부정론자들이 전문가의 의견 일치를 표적으로 삼는 이유이고, 그리고 이것이 기후 과학자들 사이의 97% 합의를 알리는 것이 중요한 이유이다.

합의가 없다

합의를 언급하지 말라

하키 스틱*의 확인

진실

여러 연구가 독자적으로 1998 오리지널 하키 스틱을 입증했다.

속설

"하키 스틱은 부러졌다."

오류

체리 피킹: 하키 스틱을 입증하는 십여 년이 넘는 연구조사를 무시한다.

1998년에 마이클 맨, 레이 브래들리, 그리고 레슬리 휴는 600년 전으로 거슬러 올라가는 북반구 기온 기록을 구축했다. 기후변화를 나타내는 지표로 얼음 핵, 대양 침전물, 동굴 퇴적물, 나무 나이테, 시추공과 같은 여러 가지 자료가 이용되었다. 이들은 현재의 지구온난화가 지난 과거의 600여 년 동안 전례가 없는 현상임을 발견했다. 이 그래프에는 "하키 스틱"이라는 별명이 붙여졌다.

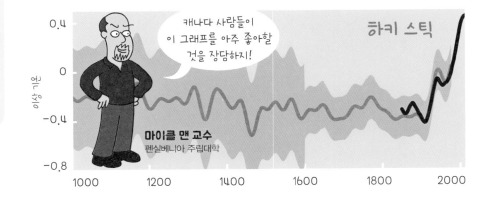

1998년부터 각기 다른 자료와 방법을 이용한 여러 가지 연구가 현재 기온이 적어도 지난 600년 동안 전례가 없음을 독자적으로 확인했다. 60개의 과학 기관을 포함한 가장 큰 연구는 온 세계의 자료를 수집했다. 그들은 적어도 1,400년 중의 지난 수십 년간이 가장 덥다는 사실과 함께 동일한 하키 스틱을 발견했다.

* 지구온난화가 하키 스틱 모양처럼 급격하게 진행되는 현상을 말함.

인간이 지구온난화를 일으킨다는 수많은 일련의 증거들이 있다. 하키 스틱은 더욱 큰 그림 안에 있는 다만 하나의 작은 부분일 뿐이다. 그럼에도 불구하고, 1998년도의 오리지널 학술지는 부정론자들에 의해 강력하게 공격당해왔다. 하키 스틱에 대한 첫 비평은 하키 스틱이 통계적 오류가 있다고 주장한 광산 엔지니어인 스티브 매킨타이어에 의해서였다. 이런 식으로 통계 방식에 트집 잡는 것은 복어 오류라고 알려져 있다.

현재 수십 개의 하키 스틱이 존재하는데, 이들은 모두 동일한 기초적인 결론에 이릅니다. 최근의 온난화는 아무리 먼 과거를 되돌아보아도 전례가 없어 보입니다.

마이클 맨 교수
펜실베니아 주립대학

🐡 복어 오류

레드 헤링 오류는 중요한 과학적 발견으로부터 주의를 딴 데로 돌리기 위해 이용된다. 복어 오류는 특수한 종류의 레드 헤링이다. 이것은 더 큰 그림으로부터 주의를 딴 데로 돌리기 위해 과학적 연구의 아주 작은 방법론적 측면에 고도로 포커스를 맞추어 이를 지나치게 부풀리는 것이다. 만약 사람들을 아주 구체적인 디테일에 완전히 집중하도록 만들 수 있다면, 사람들은 바로 옆의 고릴라를 못 보게 될 수도 있다.

아아!! 이것들 따가워!

1998년 연구의 통계적 트집 잡기는 같은 결과를 확인해주는 그 이후의 20년간의 연구조사로부터 주의를 딴 데로 돌리게 한다. 여러 연구가 우리가 수천 년 중 현재 가장 따뜻한 기온을 경험하고 있다는 것을 확고히 했다.

Man(인간)이 만든 지구온난화? Mann(마이클 맨)이 만든 지구온난화겠지!

헤헤

이 농담은 종이에 쓰면 말이 돼요!

별로인데요.

중세로 돌아가는 기후변화

중세 시대는 약 천 년 전 서기 900년부터 1150년까지 지속되었던 시기이다. 그 당시의 기온은 좀 더 이전의 암흑기와 그 이후인 소빙하기와 비교하면 비교적 더 따뜻했다. 이 시기는 중세 온난기라 불린다.

이 따뜻한 기온은 여러 가지 자연적 요인의 결합체다. 중세 온난기에는 태양의 활동이 약간 더 활발했다. 화산 분출은 비교적 적었다. 화산은 작은 입자들을 대기 중으로 내보내 햇빛을 반사하고 기온이 떨어지게 한다. 더 따뜻한 태양과 활동이 적은 화산이 결합하여 중세의 기온이 더 따뜻했다.

평균적으로 중세 온난기 동안의 기온은 20세기 중반의 기온과 비슷하다. 20세기 후반부의 지구온난화는 현재 기온이 중세 기온을 넘어서게 했다.

지금보다 중세 온난기가 더 더웠다는 속설은 체리 피킹의 오류를 범하고 있다. 이는 그 당시 지구 전체가 더웠다고 잘못 추정하거나, 한 장소의 중세 시대 기온과 현재 기온을 비교한다. 중세 시대에 어느 개개의 장소는 더 따뜻했을지도 모른다. 하지만 다른 장소들은 더 시원했다. 전체 지역의 평균 기온을 내보면, 중세 시대는 지금의 기후보다 더 서늘했다.

우리는 또한 그때의 해수면이 더 낮았기 때문에 중세 온난기가 지금보다 더 서늘했다는 것을 알고 있다. 만약 중세 시대에 지구 온도가 더 높았다면 더 많은 얼음이 녹아 해수면이 더 높아졌을 것이다. 하지만 그런 일은 일어나지 않았다.

🌏 성급한 결론 내리기

중세 논쟁은 우리가 이미 검토한 다른 기후 속설의 선구이다. 자연적 요인들이 과거에 기후를 따뜻하게 했기 때문에 지금도 자연적 요인들이 기후를 따뜻하게 할 것이라는 주장이다. 이는 성급한 결론을 내리는 오류를 범한다. 우리는 태양과 화산이 중세 시대의 온난화를 초래했다는 것을 알고 있다. 이러한 동일한 자연적 요인들은 현재 온도를 낮추는 영향을 주고 있다. 최근의 온난화를 설명할 단 한 가지의 방법은 열을 가두는 온실가스를 포함시키는 것밖에 없다.

기후 모델의 신뢰할 만한 전적

진실

모델은 기본적인 물리 원칙에 기초하여 여러 번 성공적인 예측을 했다.

속설

"기후 모델은 신뢰할 수 없다."

오류

비현실적 기대치: 완벽한 모델은 없다. 그러나 이것은 과거를 재현하고 미래에 대한 통찰력을 제공해주는 유용한 도구이다.

기후 모델은 지구, 바다, 그리고 대기를 3차원 그리드로 나누어 우리의 기후가 어떻게 작용하는지 시뮬레이션을 실행한다. 이들은 물리학의 법칙을 사용하여 각 그리드 박스에서 기온과 강수량과 같은 요소들을 계산하고 이것들이 시간이 지날 수록 어떻게 변하는지 시뮬레이션을 실행한다.

기후 모델은 나중의 관측에 의해 확인된 많은 예측을 했다. 1960년대에 과학자들은 온난화가 대기 중의 수증기 양을 증가시킬 거라고 정확히 예측했다. 1970년대에 ('지구온난화'라는 용어를 처음 사용한) 월러스 브로커는 증가하는 이산화탄소 레벨 때문에 기후가 더워질 거라고 예견했다. 1975년에 기후 모델은 북극이 지구의 다른 지역보다 더 빨리 따뜻해질 것이라고 예상했다. 이것은 부분적으로는 녹는 얼음으로 인해 반사율이 감소하기 때문이었다. 1980년대에 과학자들은 지표면이 바다의 표면보다 더 빨리 따뜻해질 거라고 예측했다.

모델들은 이 외에도 북극의 녹는 해빙과 해수면 상승, 그리고 지구온난화의 지리적 패턴과 같은 여러 가지 다른 기후변화의 요소들을 정확히 예측했다. 그렇기에 우리는 미래의 기후변화를 예견하기 위해 이 모델들을 신뢰하고 사용할 수 있다.

월러스 브로커 교수가 '지구온난화'라는 용어를 처음 만들었다.

★ 하티(hottie): 핫한 사람들.

기후 부정론자들은 기후 모델이 완벽하지 않고 믿을 수 없다고 주장하며 의혹을 제기하려는 시도를 한다. 이 속설은 비현실적인 기대치의 오류를 범한다. 기후 모델은 현실 세계가 아니다. 이것은 실제 세계의 시뮬레이션일 뿐이기에 완벽할 수 없다. 통계학자인 조지 박스가 말했듯이, "모든 모델은 틀렸다. 그러나 일부는 유용하다."라고 할 수 있다.

비현실적인 기대치의 한 예는 모델에게 완벽한 단기 예측을 하라고 요구하는 것이다. 이것에 따르는 문제는 우리의 기후가 단기 온난화나 한랭화를 일으킬 수 있는 해양 순환과 태양의 변화같이 예측 불가능한 요인에 영향을 받는다는 것이다. 그러나, 이런 단기 요인들은 시간이 흐르며 평균화되어 신뢰할 만한 장기 예측이 가능하도록 한다.

기후 모델이 미래를 예측할 수 있는 역량에 대한 우리의 자신감은 이것의 신뢰할 만한 실적에 근거한다. 물리학 법칙에 의지하여, 기후 과학자들은 수십 년간 정확한 예측을 하기 위해 모델을 사용해왔다.

진실

1970년대 기후 연구의
대부분은 증가하는 온
실가스에 의한 온난화
를 예측했다.

속설

"1970년대의 과학자들
은 다가오는 빙하기를
예측했다."

오류

그릇된 설명: 1970년대
의 빙하기 연구에 당시
압도적인 동의가 없었음
에도 불구하고 합의가
있었던 것처럼 그린다.

1970년대의 과학자들은 어떤 예측을 했는가?

1970년대에 지구 기온은 몇십 년간 크게 변하지 않았다. 심지어 약간 식기도
했다. 그럼에도 불구하고 1970년대에 나온 기후 연구의 대부분은 온난화가
곧 닥치리라 예상했다. 지구온난화를 예측하는 논문의 수가 증가했다. 그 이
유는, 우리가 열을 가두는 온실가스를 공기 중으로 더욱 더 많이 배출하고 있
었기 때문이다.

1970년대 말부터 지구 온도는 기후 과학자가 예상했듯이 실제로 증가하기
시작했다. 과학자들은 물리학에 기반하여 예측했고, 그들이 옳았다는 것이
증명되었다.

부정론자들은 1970년대에 과학자들이 지구 한랭화나 곧 다가올 빙하기를 예측했다고 주장함으로써 기후 과학에 의혹을 제기하려고 한다. 이 속설은 1970년대의 과학적 입장을 잘못 설명하고 있다. 1970년대에 적은 숫자의 논문들이 어떠한 특정 상황에서 지구 한랭화가 일어날 수도 있음을 추측했다.

1974년과 1975년에 <타임> 지와 <뉴스위크> 지는 곧 올지도 모르는 빙하기를 경고하는 기사를 실었다. 그러나 <타임> 지와 <뉴스위크> 지는 뉴스 잡지이지, 과학적 학술지가 아니다. 과학 논문에서는 점점 증가하는 대부분의 연구가 곧 다가올 지구온난화를 시사했다.

1975

우리는 우리의 기후 기계에 대한, 그리고 무엇이 이것의 경로를 정하는지에 대한 수치화된 이해가 없습니다.

미국 국립과학원
전미과학한림원 – U.S. National Academy of Sciences)과 전미연구평의회 (National Research Council)

현재

현재 기후변화에 대한 과학적 이해는 국가들이 즉각적인 조치를 취하는 것이 타당할 만큼 충분히 확실하다.

전 미 과학한림원

1970년대의 가장 포괄적인 연구는 1975년 전미과학한림원과 전미연구평의회의 보고서였다. 1975년의 입장이 불분명한 입장표명은 현재 전미과학한림원의 입장과 크게 상반된다(오른쪽 참고).

날씨와 기후 구별하기

마쉘 쉐퍼드 교수
조지아 대학

사람들은 종종 날씨를 기후로 착각한다. 다른 것이 무엇일까? 날씨는 하나의 장소와 시간의 대기 상태이다. 예를 들자면 지금 현재 여러분이 살고 있는 곳의 온도, 구름 양, 그리고 풍량 등을 말한다. 기후는 오랜 시간에 걸친 어느 지역 전체의 평균 날씨를 말한다.

날씨를 예측하기란 어렵다. 날씨는 혼란스럽고, 작은 요인들(예로 우리가 잘 아는 나비의 날갯짓처럼)에 큰 영향을 받을 수 있다.

기후 모델은 다르다. 이것은 어느 하루의 날씨를 예측하는 것이 아니다. 이것은 넓은 지역에 걸쳐 수십 년 동안의 평균 날씨를 예측한다.

예를 들어, 다음주 화요일의 날씨가 어떨지 말하는 것은 어렵다. 그러나 우리는 평균적으로 여름이 겨울보다 따뜻할 것이라는 것은 알고 있다. 평균 기후는 어느 하루의 날씨 예측보다 훨씬 쉽다.

한 가지 기후 속설은 날씨 예측이 종종 맞지 않으므로 우리는 기후 예측도 믿을 수 없다고 주장함으로써 기후 모델에 대한 의혹을 제기하려고 한다. 날씨 예측을 이용하여 기후 예측에 의문을 던지는 것은 레드 헤링이다. 단지 날씨 모델이 항상 맞지 않는다고 해서 우리가 기후 모델을 믿을 수 없다는 뜻은 아니다. 두 가지를 비교하는 것은 사과와 오렌지를 비교하는 것과 같다.

진실

기후 모델은 기후를 시뮬레이션한다. 기후는 오랜 시간에 걸친 평균 날씨이다.

속설

"과학자들은 날씨를 예측할 수 없으므로 우리는 기후 모델도 믿을 수 없다."

오류

레드 헤링: 날씨와 기후를 혼동하는 것은 단기적 날씨 예측이 장기적 기후 예측과는 연관성이 적다는 사실로부터 주의를 딴 데로 돌리는 것이다.

주사위를 한 번 던졌을 때 나올 값을 정확하게 예측할 수는 없다. 하지만 주사위를 백만 번 던졌을 때의 결과는 확신을 갖고 예측할 수 있다. 카지노가 크랩스** 테이블에서 한 번 던지는 주사위를 예측할 수는 없지만, 그들은 주사위 던지기가 결국 예측대로 평균화될 것임을 알고 있다.

* groundhog(marmot): 다람쥣과의 동물 중 가장 크다. 9월부터 이듬해 4월까지 동면한다.
** 크랩스는 도박 게임의 일종이다.

음모론적 성향을 드러낸 '기후 게이트'

2009년에 기후 과학자들의 이메일이 해킹당해 온라인에 공개되었다. 인용구들은 글의 맥락과 다르게 온라인에 공개되었다. 부정론자들은 '기후 게이트'라고 이름 붙인 음모론을 홍보하기 위해 이 인용구들을 이용했다. 과학자들이 지구온난화의 증거를 거짓으로 꾸며냈다는 것이다. 이는 지구온난화의 증거에 수십억 톤의 얼음이 녹고 있는 현상과 전 지구적인 해수면 상승이 포함되어 있다는 사실을 고려하면 터무니없는 주장이다.

두 나라에 걸친 아홉 건의 개별적인 조사들이 독립적으로 해킹당한 이메일을 평가했다. 모든 수사는 이메일의 그 어느 것도 과학에 영향을 주지 않았다고 만장일치로 결론 내렸다. 음모론자들은 각각의 수사가 음모론의 일부분이었다고 추정한다.

음모론자들의 특성

나쁜 의도를 가정한다

과학자들은 돈을 노리는 거야…

…아니면 단일 세계 정부를 구성하려고..

…아니면 그들은 도마뱀 인간들이거나…

어찌 되었든, 그들은 아주 사악해!

피해망상

과학자들은 정치적이고, 무능하고, 사악하고, 이상하게 생겼어…

…왜 나한테 못되게 구는지 이해할 수 없어!

어디서나 패턴을 본다

위성이 추락했어…

뭘 숨기려고 하는 거지?

SATELLITE CRASH

사실에 무감각하다

팅!

탱!

내 은박지 모자는 그들의 마인드 컨트롤 광선에 맞설 만하지…

…그리고 그들의 성가신 팩트들에도!

'마이크의 트릭'과 '성장 속도 감소 숨기기'의 혼동

부정론자들이 기후 게이트와 관련해서 가장 많이 쓰는 수법들의 하나는 맥락을 무시한 인용 수법이다.

66 맥락을 무시한 인용

맥락을 무시한 인용이란 누군가의 말을 그것이 나온 문맥을 무시하고 인용하는 것을 말한다. 이것은 허수아비 때리기 오류의 한 종류로, 자기들 입장을 그릇되게 대변하기 위해 그것의 원래 의미를 왜곡하는 것이다. 종종 이것은 인신공격의 하나로 상대를 나쁘게 보이도록 할 때 이용되곤 한다.

기후 게이트에 가장 많이 인용된 문구는 두 개의 다른 과학적 기법인 '마이크의 트릭(Mike's trick)'과 '성장 속도 감소 숨기기(hide the decline)'에 대해 이야기한 기후 과학자 필 존스 교수의 이메일에서 비롯된 것이다.

Mike's trick?

나무의 나이테나 얼음 핵과 같은 지표로부터 재현되는 과거의 기온과 동일한 그래프에 실제 온도 측정 데이터를 표시하며 비교하는 기법(즉 기발한 수학적 방법)이다.

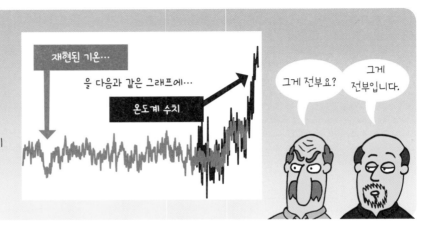

'성장 속도 감소 숨기기'는 무엇인가?

이 인용구에서 '감소'는 1960년대부터의 나무 나이테 성장 속도의 감소(키스는 나이테 연구를 발표한 키스 브리파를 가리킨다) 에 대해 말하고 있다.

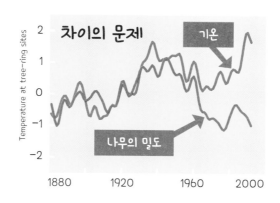

차이의 문제

기온

나무의 밀도

보통 나이테는 기온을 밀접하게 따라간다. 날씨가 따뜻할 때 나이테는 더 두꺼워진다. 그러나 북반구의 일부 나무들은 기온이 따뜻해졌는데도 1960년 이후로 나이테 크기가 줄어들었다. 이 나무 성장 속도의 감소는 지역적 대기오염으로 인해 일부 지역에 미치는 햇빛이 적어져서 일어났다. 이 나무의 나이테와 기온 사이의 차이는 1995년부터 과학 논문에서 공개적으로 논의된 문제이다.

그러므로 '마이크의 트릭'과 '성장 속도 감소 숨기기'는 서로 아무런 관계가 없다. 하지만 부정론자들은 두 가지, 즉 '마이크의 트릭'을 '성장 속도 감소 숨기기'와 관련시키면서 종종 혼동한다. 부정론자들은 공개적인 학술지에서 논의되는 평범한 과학적 테크닉을 두고 음모론을 상상해낸다.

진실

'마이크의 트릭'은 나이테 크기가 줄어드는 것을 지칭하는 '성장 속도 감소 숨기기'와 아무런 관계가 없다.

속설

"과학자들은 지구 온도의 하락을 감추려 했다."

오류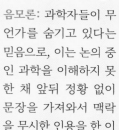

음모론: 과학자들이 무언가를 숨기고 있다는 믿음으로, 이는 논의 중인 과학을 이해하지 못한 채 앞뒤 정황 없이 문장을 가져와서 맥락을 무시한 인용을 한 이메일로부터 생겨났다.

기후 과학자에게 동기 부여하는 것

아무도 모르는 것을 발견하는 것

이 자료는 바다가 우리의 이산화탄소 배출량 전체를 흡수하지 않는다는 것을 보여주는군.

찰스 킬링 교수

킬링 흔들선 (wobble)이라고 부를까 생각해!

우리의 세상을 이해하는 것

인간의 지문은 인간이 기후에 확실한 영향을 끼친다는 것을 보여주는군.

벤 샌터

세상을 좀 더 좋은 곳으로 만드는 것

우리의 기후 모델은 지구온난화가 우리에게 어떤 영향을 끼칠지 보여줍니다…

캐서린 헤이호 교수

…우리가 대응을 준비하도록 도와주기 위해서요.

기후 과학자에게 동기 부여하지 **않는** 것

연구 보조금

대학원생 연구비, 간접비용, 그리고 출판비용을 내고 나니 이 오피스 의자 살 돈만 남았군!

비과학자에게 강한 인상을 심어 주는 것

저의 최신 기후 모델은 해상도(解像度)가 10km밖에 안 됩니다!

하암.

돈

화석연료

당신은 고집불통 삼촌의 마음을 바꿀 수 있는가?

기후 과학자들의 97%는 인간이 지구온난화를 일으킨다는 것에 동의해요.

그건 내가 예상한 대로 좌익 사기꾼들이 할 소리군!

"부정론자의 마음을 바꾸기 위해서 뭐라고 말해야 하나요?"라는 질문을 흔히 받는다. 조금 더 올바른 질문은, '우리가 집중해서 소통하도록 노력해야 할 사람은 누구인가'라고 할 수 있다.

누군가가 이념적인 이유로 과학을 거부한다면, 그들의 마음을 바꿀 수 있을 가능성은 아주 희박하다. 많은 경우에, 과학에 기반한 메시지는 효과가 없을 뿐 아니라 심지어 역효과를 낳을 수도 있다. 달리 말하자면, 부정론자가 과학적 사실에 반응하여 심지어 과학을 덜 믿게 되는 경우도 있는 것이다!

이것은 여러 가지 이슈에 걸쳐 일어난다. 백신 접종 거부자는 백신 속설이 틀렸다는 것을 보여주면 백신에 대한 저항을 더 강화하는 것으로 반응하기도 한다. 공화당원들에게 이라크에 대량 살상무기가 없다는 증거를 보여주었을 때, 대부분은 마음을 바꾸기를 거부했다. 50명 중에 단 한 명만이 설득되었다. 이것이 과학 부정론자를 설득하려 할 때 우리가 마주하고 있는 확률이다!

흠… 설득력 있는 증거군.

과학이 우리의 이념을 위협한다고 생각할 때, 우리는 편향된 자세로 반응할 수도 있다. 이것은 깊은 심리층에서 일어나기 때문에 우리는 종종 우리가 편향되었다는 것조차 알아차리지 못한다. 과학 부정론이 누군가가 그들 자신에게 거짓말하게 만든다면, 이것은 사실상 고의적인 거짓말과 구별하기 어렵다.

편협한 생각이 부정론의 다섯 가지 특성(FLICC, 34쪽 참고)으로 나타나게 하는 방법은 무엇이 있을까?

우리는 우리 견해에 동의하는 사람들은 그들이 말하는 바를 잘 알고 있다고 생각하는 경향이 있다. 부정론자들은 반대의견을 내는 목소리가 주류의 기후 과학자들보다 전문성을 띤다고 생각하기 때문에 그들은 **거짓 전문가**에게 의지한다.

편협한 생각은 우리가 논리적 오류를 범하도록 한다. 예를 들어, 상대방의 더 강력한 주장은 무시하면서 보다 취약한 주장에만 집중하는 것은 **허수아비 때리기 오류**로 이어진다.

반증 편향이란 우리 마음에 들지 않는 증거는 거부하려는 경향을 말한다. 이는 비현실적인 기대치로 이어진다.

반증 편향의 반대는 확증 편향이다. 우리 마음에 드는 정보에 더 많은 무게를 실으려는 경향이다. 이는 **체리 피킹**의 결과를 낳는다.

여러분이 세계 기후 과학자들의 커뮤니티에 동의하지 않는다면 **음모론**은 불가피하다. 여러분이 동의하지 않는 결론에 이르는 세계의 과학자들을 달리 어떻게 설명하겠는가?

해석
당신은 나와 같은 음악 취향을 가지고 있네요.

기후 부정론자들은 소수지만 목소리가 큰 소수집단이다

연구조사는 사람들이 기후변화에 대해 생각하는 여섯 가지 다른 방식을 알아냈다. 그룹들은 두려움, 걱정됨, 조심스러움, 관심 없음, 의심함, 무시함으로 규정된다. (이것은 미국의 대중을 토대로 했지만 호주나 인도와 같은 다른 나라에서도 비슷한 분석이 진행되었다.)

두려움이나 걱정됨의 그룹에 있는 다수의 사람들은 기후변화의 현실을 받아들인다. 인구의 아주 작은 비율임에도 불구하고 무시함의 그룹은 균형에 맞지 않게 큰 영향력이 있다. 이들이 홍보하는 잘못된 정보는 일반 대중에게 상당한 부정적 영향을 끼친다.

😐 **역설 경보**　　　　　다원적 무지　**VS.**　허위 합의 효과

미국인들의 51%는 기후변화에 대해 걱정하거나 두려워한다. 하지만 그들은 자신들이 다수임을 알지 못한다. 이 오해는 **다원적 무지***로 알려져 있다.

9%의 미국인들은 기후변화를 무시한다. 하지만 그들은 자신들이 실제보다 훨씬 큰 그룹이라고 생각한다. 이런 오해는 **허위 합의 효과**로 알려져 있다.

* pluralistic ignorance: 무리 구성원의 과반수가 개인적으로 규범을 거부하지만,
　대부분의 사람들이 그것을 받아들인다고 잘못 추측해서 동의하는 상황.

기후 과학을 거부자는 소수의 사람들은 특별히 영향력이 있을 수 있다. 우리는 2017년에 도널드 트럼프가 자신의 행정부에 기후 부정론자들을 권력을 지닌 자리에 대거 임명했을 때 이런 사실을 보았다. 2015년에는 미국 상원의 절반이 인간이 지구온난화를 일으키지 않는다는 안건에 투표했다.

기후에 대해 잘못된 정보를 목소리 높여 전하는 또 다른 소스는 보수적 언론 매체이다. 라디오, 신문, 웹사이트, 그리고 케이블 TV는 수백만의 사람들에게 미치는 거짓말을 소방호스처럼 뿜어낸다.

조그만 소수에 불과한 적극적인 부정론자들의 광신이 아니라, 그들의 영향에 취약한 다수가 우리를 걱정스럽게 합니다.

클리브 해밀턴 교수
찰스 스튜어트 대학

이렇게 꾸준한 잘못된 정보의 흐름은 좀체 멈추지 않고 있다. 이는 기후변화에 대해 대중에게 교육시키려는 노력을 귀에 들리지 않게 하거나 원상태로 되돌려 놓을 위협이 된다. 그러므로 잘못된 정보가 사람들에게 영향을 끼치는 것을 막을 방법을 개발하기 위해 이것의 영향을 이해하는 것이 중요하다.

왜 잘못된 정보를 무시하는 것이 위험한가

잘못된 정보에 대응하기 위해, 우리는 그것의 영향력을 이해할 필요가 있다. 가장 확실한 것은 이것이 우리에게 진실이 아닌 것을 믿게 한다는 점이다. 그러나 거짓 정보의 음흉하고 위험한 면은 정확한 정보를 상쇄할 수 있는 잠재력이다.

서로 상충하는 정보들이 주어졌을 때, 우리는 종종 어느 것이 사실이고 어느 것이 허구인지 구별할 수 있는 능력이 없다. 이런 상황에서 우리는 여기에서 떨어져 나와 진실을 알아내려는 노력을 멈출 수도 있다. 잘못된 정보는 우리가 사실을 받아들이고 이해하려는 것을 멈추게 할 수도 있다.

이것은 가짜 뉴스의 커다란 위험 요소이다. 거짓된 정보가 효과적이기 위해서는 설득력이나 일관성이 없어도 된다. 단지 존재하기만 하면 되는 것이다. 사람들에게 상충하는 정보를 제공함으로써, 부정론자들은 과학적 사실의 효과를 축소시킬 수 있다.

* Spock: 미국의 SF 드라마 〈Star Trek〉에 나온 캐릭터.

거짓 정보와 정보는 물질과 반물질과 같다. 둘이 충돌할 때 열의 폭발이 일어난다. 그 후에는 아무것도 남아있지 않다.

이것은 과학자와 교육자들에게 엄청난 결과이다. 단지 과학을 설명하는 것만으로는 충분하지 않다. 우리는 과학을 되도록 명백하게 하려고 엄청난 수고를 하고서도 속설에 의해 우리의 최선의 노력이 무효가 되는 것을 볼 수 있다. 우리는 우리 자신의 위험을 감수하고 부정론자를 무시하고 있는 것이다.

이는 또한 거짓 정보에 어떻게 대응해야 할지 알려준다. 사람들은 상충하는 정보를 마주했을 때 사실과 허구를 구별할 수 있어야 한다. 우리는 사람들에게 이런 갈등을 해결할 도구를 줄 필요가 있다.

사실을 왜곡하는 테크닉을 설명함으로써 이런 갈등은 해결될 수 있다. 이것은 마치 마술사의 트릭 뒤에 숨겨진 교묘한 손재주를 폭로하는 것과 같다. 오도하는 부정론의 트릭을 설명하는 것은 접종이라 불린다.

틀렸다는 걸 폭로할 방법을 계획할 때, 이를 뒷받침할 두 가지 설명 세트를 이용할 수 있습니다. 하나는 사람들에게 사실이 왜 진실인지 알려주는 것이고, 다른 하나는 사람들에게 왜 속설이 틀렸는지 알려주는 것입니다.

율리치 에커 교수
웨스턴 오스트레일리아 대학

부정론 근절에는 예방접종이 답이다

의학의 세계에서 예방접종은 사람들을 질병의 약한 형태에 노출시킴으로써 수두와 같은 질병들을 근절해왔다. 이것은 저항력을 키워 우리가 실제 바이러스를 마주했을 때 감염되지 않도록 도와준다.

동일한 원칙은 잘못된 정보에도 해당된다. 미약한 형태의 잘못된 정보를 마주했을 때 우리는 저항력을 키워 실제의 잘못된 정보를 마주했을 때 영향을 받지 않는다.

예방접종 메시지는 우리가 거짓 논쟁에 의해 오도되고 있을지도 모른다고 경고한다. 그러고는 사실을 왜곡하는 수법을 설명해준다. 이것은 또한 거짓된 정보 제공원을 움직이게 하는 동기부여 요소들을 설명해줄 수도 있다(예로, 화석연료 기업들의 수익을 향한 욕심).

예방접종은 사람들에게 그들을 오도하려는 시도를 알아보도록 가르치고 비판적 사고를 키우는 방법이다. 만약 충분한 수의 사람들이 예방접종된다면, 우리는 집단 면역을 이루어 과학 부정을 근절할 수 있다.

먼저 폭로하기 vs 폭로하기

잘못된 정보를 접하기 전에 선제 대응하는 것이 나중에 입은 피해를 복구하려는 것보다 더욱 효과적이다.

잘못된 정보에 우리는 어떻게 대응해야 할까? 효과적인 폭로에는 사실, 속설, 그리고 오류의 세 가지 요소가 필요하다.

'사실' 하나 만으로는 잘못된 정보에 대응하기엔 부족한 한편, 그래도 여전히 '사실'은 잘못된 점을 폭로할 때 가장 중요한 부분을 차지한다. 이상적으로는, '사실'은 '속설'보다 조금 더 견고하고, 간단하고, "잘 달라붙어야" 한다.

위험합니다, 윌 로빈슨! 거짓 정보가 다가오고 있습니다!

여러분이 속설에 관해 말한다면(잘못된 점을 폭로하기 위해), 속설을 언급하기 전에 사실이 아닌 것에 대해 얘기할 거라고 사람들에게 주의를 줘라. 그러면 그들이 경계심을 갖게 되어 속설에 영향 받을 가능성이 줄어든다.

마지막으로, 여러분은 사실과 속설 사이의 갈등을 해결하도록 사람들을 도와주어야 한다. 여러분은 사실 왜곡을 위해 속설이 이용하는 테크닉이나 오류를 설명함으로써 도울 수 있다.

사실
간단하고 알아듣기 쉬운 사실들을 가지고 소통하라.

왜 나는 쉴 틈이 없는 거지?!

2014년, 2015년, 그리고 2016년은 기록된 가장 뜨거운 해들입니다…

32쪽 참고

속설
속설을 언급하기 전에 사람들에게 주의를 줘라.

…그러나 한 속설은 추운 날씨가 지구온난화를 반증한다고 주장합니다.

오류
사실과 속설 사이의 갈등을 해결하라.

이건 마치 밤이 태양을 반증한다고 하는 것과 같아요.

뉴턴의 세 가지 운동법칙

움직이는 물체는 힘이 가해지지 않는 한 같은 움직임을 유지한다.

물체의 가속도는 물체에 가해지는 힘과 물체의 질량에 달려있다.

모든 작용에는 같은 크기를 가진 반대 방향의 반작용이 존재한다.

과학적 소통을 위한 세 가지 법칙

1686년에 아이작 뉴턴은 힘이 가해졌을 때 어떻게 물체가 움직이는지 설명하는 세 가지 운동법칙을 내놓았다. 다음의 세 가지 과학적 소통으로 요약되는 비슷한 원리가 청중을 움직일 때 적용된다.

접근방식을 바꾸지 않는 이상 비효과적인 소통은 계속 효과적이지 않을 것이다.

1 과학적 소통의 제1법칙

기후변화의 과학적 소통은 마땅히 그래야 할 만큼 효과적이지 못해 대중의 수용이 아주 천천히 이루어졌다. 이것의 중요한 원인 제공자는 수십 년간의 잘못된 정보였다. 새로운 접근방식이 필요했다. 기후변화의 과학을 가르치는 것뿐만 아니라, 청중을 이해하고, 창조성을 수용하고, 부정론자의 속설에 대응하여 예방접종을 하는 것이 필요했다.

똑같은 행위를 반복하면서 다른 결과를 기대하는 것은 미친 짓입니다!

그게 정말 당신의 명언인가요?

에이 아닙니다. 저는 그냥 뉴턴이 귀찮아하니까 여기 있는 겁니다!

과학적 소통의 열쇠는
신뢰할 만한 다양한
사람들로부터 자주
되풀이하여 전해지는
간단하고 명백한
메시지입니다.

에드 메이바흐 교후
조지 메이슨 대학

뉴턴의 운동의 제2법칙은 물체에 가속도를 높이기 위해서는 힘을 가해야 한다고 한다. 힘으로 밀어붙이는 행위는 우리가 과학적 메시지를 퍼뜨리기 위해 필요한 것이 아니다. 우리의 과학이 바이럴이 되길 원한다면 그것이 쉽게 이해되도록 하는 것이 필요하다. 이것은 과학 메시지를 간단하게 만들고, 흥미로운 이야기로 전달하고, 그리고 추상적인 것을 사람들에게 구체적이고 의미 있게 만들어주는 은유를 사용함으로써 성취할 수 있다.

중요한 사항에 대해
얘기하면 그에 따르는
결과가 생길 것입니다. 하
지만 그 대안은
중요해지지 않는 것입니다.

케이티 오렌스타인
더 옵에드 프로젝트

과학적 소통이 영향력을 가진다면 반발을 예상하라. 현재 상황의 여러 힘이 밤 깊도록 조용히 있지는 않을 것이다. 수십 년치의 잘못된 정보들은 기후변화에 관해 널리 퍼진 오해를 만들어냈다. 부정론자들은 혼란 상태를 유지하려고 작정했다.

기후 부정론자들이 기후 과학에 대한 속설을 퍼뜨릴 뿐만 아니라, 그들은 과학 연구에 의혹을 제기하기 위해 기후 과학자들을 개인적으로 공격하기도 한다.

당신의 목소리는
중요하다!

기후 정보의 가장 믿을
만한 소스는 과학자들
이지만, 친구와 가족이
두 번째로 가장 믿을 만
한 소스이다. 그 말은 당
신의 대화가 변화를 일
으킬 수 있다는 뜻이다!

기후 침묵의 연쇄반응 부수기

대부분의 사람들이 기후변화를 염려하는 반면, 우리들 중 많은 이들은 친구와 가족에게 이 주제에 대해 얘기하지 않는다. 이것의 주 원인은 다원적 무지*이다. 우리는 대부분의 사람들 역시 기후변화를 염려하고 있음을 알지 못한다. 우리가 우리의 염려에 대해 목소리를 내지 않는다면, 우리는 다원적 무지의 오해를 강화시켜 침묵의 연쇄반응을 일으키게 된다. 대부분의 사람들이 기후변화에 대해 신경 쓰지 않는다는 오해를 밝히는 것은 기후에 대한 침묵을 깨뜨리는 데 중요하다.

우리가 기후변화에 대해 이야기하지 않는 다른 이유는 바보 같아 보일까 봐 걱정되어서다. 잘못된 기후 정보의 오류를 이해하는 것은 우리가 목소리를 내도록 힘을 실어준다. 부정론자의 주장을 마주했을 때 대응 방법을 알기 때문이다. 그러나 부정론자는 눈에 보이지 않을 정도로 아주 작은 소수라는 것을 기억하는 것 역시 중요하다.

사람들은 기후변화에 대해 얘기할 때 반발이 있을 거라 예상한다. 그러나 과학적 소통의 제3법칙("영향에는 반발이 뒤따른다")에도 불구하고, 사람들은 일상 대화에서 거의 반발을 접하지 않는다. 예상과 현실 사이에는 갭이 있는 법이다.

예상
사람들은 기후에 대해 이야기하면 반발이 있을 거라 예상한다.

현실
사람들은 기후에 대해 얘기할 때 반발을 거의 받지 않는다.

* 무리 구성원의 과반수가 개인적으로 규범을 거부하지만, 대부분의 사람들이 그것을 받아들인다고 잘못 추측해서 동의하는 상황.

우리의 말과 행동은 중요하다

기후변화가 가져올 최악의 영향을 피하기 위해선, 우리는 대기 중에 열을 가두는 가스를 더하는 것을 멈춰야 한다. 이는 화석연료로부터 청정 에너지로 옮겨가야 한다는 뜻이다. 이는 이미 일어나고 있는 우리 사회의 완전한 탈바꿈인 것이다!

우리는 한 개인으로서 어떻게 이런 엄청난 변화에 기여할 수 있을까? 필요한 사회적, 정치적 추진력을 받게 도울 수 있다. 우리는 한 가지 간단한 행동으로 이것을 이루어 낼 수 있다. 기후 변화에 대해 이야기하는 것이다. 우리의 친구들, 가족 그리고 가장 중요한 것으로 선출된 공직자들에게 이야기를 하는 것이다. 유권자들이 기후 변화에 관심이 있다는 것을 정치가들이 깨달으면, 그들 역시 이 문제에 관심을 가질 것이다.

우리는 또한 우리의 탄소 발자국을 줄임으로써 기후 운동에 기여할 수 있다. 기후변화를 해결하기 위해 개인적으로 행동하는 것은, 말 그대로 실제 행동으로 보여주는 것이므로 우리의 말을 더욱 강력하게 만들어준다.

기후변화는 이분법적인 것이 아님을 인식하는 것이 중요하다. 우리의 선택은 "기후변화를 감내한다" 대 "기후변화를 피한다"가 아니다. 우리는 이미 기후변화를 경험하고 있다. 유일한 질문은 '얼마나 더 많이 경험할 것인가'이다. 이것은 정도의 문제다. 현재 완화시키는 것은 미래에 덜 고통받는 기후변화를 뜻한다. 우리가 지금 하는 일은 중요하다. 우리가 하는 모든 기후 운동은 우리가 앞으로 경험할 기후의 영향을 줄인다. 기후변화에 대해 얘기할 때 우리는 대중 의식을 높이고 결정적으로 중요한 사회적인 추진력을 더하게 된다.

로니 톰슨 교수
오하이오 주립대학

　이 책은 기후 과학 부정론의 문제점을 살펴보고 있다. 이 문제를 어떻게 풀어나갈지 이야기해야 할 시점에 문제가 있음을 부정하는 어떤 사람들이 있다는 것은 참으로 유감스러운 일이다. 기후변화에 대처할 단 하나의 마법의 탄환은 존재하지 않는다. 많은 해결책들은 모두 나름대로 값진 기여를 한다. 이는 과학 부정론 때문에 미뤄진 복잡하고 까다로운 논의이다.

　기후변화의 현실이 점점 더 무시하기 어려워질수록, 부정론자들은 마지못해 과학 부정에서 해결 부정으로 옮겨가고 있다. 궁극적으로, 기후변화에 대한 부정은 해결책에 대한 혐오로부터 일어난다. 이제 문제 자체를 부정하는 것이 힘들어지자, 기후 해결책에 의혹을 제기하는 많은 속설과 거짓 주장이 더욱 널리 퍼지고 있다.

　그렇지만 **"고집불통 삼촌과 기후위기 대응"**은 다음 주제가 될 것이다…

　★ 팬은 회전 날개가 달린 물체 또는 누군가의 팬, 두 가지를 의미할 수 있다.

진실 – 속설 – 오류의 요약

지구온난화가 발생하고 있다

진실	속설	오류
지난 수십 년간, 우리의 행성은 초당 4개의 원자폭탄과 맞먹는 양의 열기를 축적해오고 있다.	"지구온난화는 1998년에 멈췄다."	체리 피킹: 지구가 열을 축적하고 있다는 모든 근거를 무시한다.
지구온난화는 더운 날들이 더 많아지게 했다.	"날씨가 춥기 때문에 지구온난화는 사실이 아니다."	비현실적 기대치: 지구온난화는 더 이상 추운 날이 없다는 뜻이 아니다. 추운 날들이 더 적어질 것이라는 뜻이다.
북극의 해빙은 꾸준히 후퇴하며 40년 만에 표면의 절반을 잃었다.	"북극의 해빙은 회복되었어."	체리 피킹: 단 몇 년간의 해빙 자료만을 보는 것은 장기간의 해빙 감소를 간과하는 것이다.
지구의 빙하가 빠른 속도로 줄어들고 있다.	"세계의 빙하가 증가하고 있고, 이는 지구온난화를 반증한다."	체리 피킹: 증가하는 단 몇 개의 빙하만 선택하는 것은 감소하고 있는 대부분의 빙하를 보지 않는 것이다
그린란드는 매년 에베레스트산 두 개씩을 잃고 있다.	"그린란드는 중심부가 두터워지고 있기 때문에 얼음이 사라지고 있는 것이 아니다."	체리 피킹: 빙상의 가장자리에서 가속화된 속도로 일어나는 얼음 손실을 무시하고 있다.
그린란드의 빙상은 수만 년 동안 존재해왔다.	"그린란드는 그린일 때가 있었어!"	그릇된 설명: 역사상으로 그린란드의 빙하 상태에 대한 올바르지 않은 이미지를 심어준다.
남극 대륙은 매년 천억 톤의 얼음을 잃고 있다.	"남극 대륙은 중심부가 두꺼워지고 있으니 얼음이 사라지는 것이 아니다."	체리 피킹: 빙상의 가장자리에서 빠르게 일어나는 얼음 손실을 무시한다.

진실	속설	오류
남극의 해빙은 해빙 공장처럼 작용하는 바람 등 다양한 원인 제공원에 의해 영향을 받는다.	"증가하는 남극의 해빙은 지구온난화를 반증한다."	**지나친 단순화:** 남극의 해빙에 영향을 끼치는 다양한 원인 제공원을 무시한다. 
해수면은 지난 백 년간 꾸준히 상승하고 있다.	"해수면 상승은 과장되었다."	**체리 피킹:** 장기적 상승과 비교해 해수면 상승의 변동이 없던 단기간만을 본다.
설령 태양활동이 줄어든다고 하더라도 지구온난화를 약간 늦추는 정도밖에 되지 않을 것이다.	"식고 있는 태양 때문에 우리는 빙하기에 들고 있다!"	**그릇된 설명:** 기후변화에 끼치는 태양활동의 역할을 과장한다. 그것은 온실 온난화와 비교했을 때 최소한의 영향을 끼친다.

우리는 지구온난화를 일으키고 있다

진실	속설	오류
1950년부터 인간은 모든 지구온난화를 일으키고 있다.	"인류 활동은 지구온난화에 약간의 영향밖에 미치지 않는다."	**게으른 추론:** 인간이 기후변화에 얼마만큼의 영향을 미치는지를 보여주는 모든 연구조사를 무시한다.
자연은 이산화탄소의 균형을 유지하고 있었는데, 우리가 그 균형을 무너뜨렸다.	"인간의 이산화탄소 배출량은 자연의 이산화탄소 배출량과 비교하면 아주 작다."	**체리 피킹:** 자연이 어떻게 이산화탄소를 흡수함으로써 자연적 배출량의 균형을 유지하는지를 무시한다. 
인간은 화산의 100배가 넘는 이산화탄소를 배출한다.	"화산은 인간보다 많은 이산화탄소를 발생시킨다."	**그릇된 설명:** 화산이 배출하는 이산화탄소의 양은 인간이 배출하는 양의 1%에 불과하다.
이산화탄소로 인한 강력한 온난화 효과는 수많은 다양한 방식으로 직접 측정되었다.	"이산화탄소는 미량 가스이고, 영향력이 미미하다."	**레드 헤링:** 대기 중의 이산화탄소 비율이 작긴 하지만 그것은 지구온난화에 큰 영향을 끼친다.

진실	속설	오류
온실가스는 우주로 빠져나가려는 일부(그러나 전부는 아닌) 열기를 가두어 두고 지구로 다시 뿜어낸다. 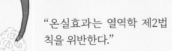	"온실효과는 열역학 제2법칙을 위반한다."	**그릇된 설명:** 제2법칙은 총 열의 흐름에 관한 것이고 이것은 열이 추운 곳에서 더운 곳으로 흐르는 것을 막지 않는다.
이산화탄소의 불가시성은 온실효과의 핵심 특징이다.	"이산화탄소는 눈에 보이지 않기 때문에 무해하다."	**레드 헤링:** 이산화탄소의 불가시성은 그것이 얼마나 효과적인 것인가와는 아무런 관련이 없다.
이산화탄소를 더 많이 배출하는 것은 공기가 희박한 높은 대기권에 더 많은 열기가 갇힌다는 뜻이다.	"온실효과는 포화상태이기 때문에 이산화탄소를 더 추가해도 아무 일도 일어나지 않는다."	**지나친 단순화:** 본래 여러 층으로 구성된 대기권을 한 층으로 여긴다.
수증기는 기후가 우리의 이산화탄소 배출에 더욱 민감해지도록 만들며 강화 피드백 고리를 제공한다.	"지구온난화의 가장 강력한 원인 제공원은 수증기이다."	**그릇된 설명:** 수증기가 실제로는 피드백 고리임에도 기후변화 요인으로 착각한다.
하루와 연간 사이클에서의 인간의 지문은 온실 온난화를 확증하고 태양을 배제한다.	"태양이 지구온난화를 일으킨다."	**체리 피킹:** 태양활동과 지구 기온이 반대 방향으로 움직이는 것을 보여주는 지난 수십 년간의 자료를 무시한다.
인간에 의한 지구의 기후변화는 태양계에서 특수하다.	"다른 행성들은 태양에 의해 더워진다"	**게으른 추론:** 식고 있는 행성과 같은 상충하는 증거를 고려하는 것에 실패한다.
과거의 기후변화는 기후가 온실가스에 의해 가두어진 열을 포함한 열의 변화에 강하게 반응한다는 것을 우리에게 알려준다.	"지구의 역사상 기후는 변화해왔기 때문에 현대의 온난화는 단지 자연적 변형일 뿐이다."	**성급한 결론:** 과거에 기후가 자연적으로 변화했다고 해서 지금도 그것이 자연적이라는 뜻은 아니다.
다량의 이산화탄소는 온난화를 일으킨다. 온난화는 더 많은 이산화탄소를 발생시킨다. 두 가지가 합쳐지면, 이것은 강화 피드백이다.	"과거에 이산화탄소는 기온에 뒤처졌고 이는 이산화탄소의 온난화 효과를 반증한다."	**잘못된 이분법:** 둘 다 참인 두 가지 옵션 사이의 잘못된 선택을 제시한다.

기후 영향은 심각하다

진실	속설	오류
기후변화는 농업, 건강, 인프라, 그리고 환경을 포함한 사회의 거의 모든 측면에 영향을 미칠 것이다.	"온난기는 사람에게 유익하다."	**체리 피킹:** 지구 온난화의 모든 부정적 영향을 무시한다.
폭염의 위험이 현재 지구온난화에 의해 5배나 커졌다.	"폭염은 예전에도 일어났기 때문에 폭염은 정상이다."	**성급한 결론:** 과거에 폭염이 일어났다고 해서 우리가 지금 폭염에 영향을 끼치지 않는다는 뜻은 아니다.
해양의 열은 허리케인을 더욱 강력하게 만드는 그것의 연료이다.	"허리케인은 지구온난화와 연관성이 없다."	**레드 헤링:** 허리케인의 발생 숫자에 주목함으로써 허리케인의 강도로부터 주의를 딴 데로 돌린다.
식물은 잘 자라기 위해 적절한 양의 물이 필요하다. 기후변화는 그 균형을 뒤엎는다.	"이산화탄소는 식물의 음식이다."	**지나친 단순화:** 이산화탄소는 식물의 성장에 영향을 주는 한 요소이나, 부정적인 기후의 영향이 그 어떤 이득보다 훨씬 크다.
오염원은 환경을 망치는 물질이다. 이산화탄소는 열을 가둠으로써 그런 일을 한다.	"이산화탄소는 오염원이 아니다."	**레드 헤링:** 단어의 전문적 정의를 두고 옥신각신 하는 것은 지구온난화의 부정적인 영향으로부터 주의를 딴 데로 돌리는 것이다.
북극곰은 사냥을 하기 위해 해빙을 필요로 하므로 녹고 있는 해빙은 그들의 생존을 위협한다.	"북극곰들의 개체 수가 늘어난 것으로 보아 그들은 지구온난화로 더 이상 위험에 처해 있지 않다."	**지나친 단순화:** 한 가지의 위협 (곰 사냥)이 없어졌지만, 이는 지구온난화로 녹고 있는 해빙에 의해 커져가는 위협으로 대체되었다.
해양 산성화가 30% 증가했다. 이는 해양 생물들이 뼈대와 껍데기를 만드는 것을 어렵게 하고, 산호초 생태계를 위협한다.	"바다는 아직 실제로 산성으로 바뀐 것이 아니기 때문에 산성화는 걱정거리가 아니다."	**레드 헤링:** 해양 산성도의 절대치에 대해 논쟁하는 것은 해양의 화학적 성질이 빠르게 변하고 있고, 더욱 산성화 되어가고 있다는 사실로부터 주의를 딴 데로 돌리는 것이다.
산호초는 지구온난화와 해양 산성화로 인해 영구적인 손상을 입을 것이다.	"산호초는 과거에 그래왔던 것처럼 회복될 수 있다."	**그릇된 설명:** 과거에 산호초가 대멸종 사건으로부터 회복하기까지 수백 만년이 걸렸다.

진실	속설	오류
일련의 증거는 우리의 기후가 열의 변화에 대단히 민감하다는 것을 가리킨다.	"기후의 민감성은 낮다."	체리 피킹: 높은 기후 민감성을 보이는 독립적인 모든 증거를 무시한다.
생물들이 적응하기에 기후변화가 너무 빨리 일어나면 생물들은 멸종한다. 현재 생명들은 지난 대멸종과 비슷한 속도로 멸종하고 있다.	"생물들은 기후 변화에 적응할 수 있다."	성급한 결론: 생물들이 점진적인 기후변화에 적응할 수 있다고 해서 현재 일어나는 급격한 기후변화에도 적응할 수 있다는 뜻은 아니다.

과학적 합의는 압도적이고 강력하다

진실	속설	오류
갈릴레오는 과학적 증거로 이념적인 세계관을 뒤집었다. 이는 그를 부정론자보다는 기후 과학자로 만든다.	"기후 부정론자들은 갈릴레오처럼 합의된 견해에 맞선다."	그릇된 설명: 부정론자들은 그들의 이념을 위협하는 과학을 거부한 갈릴레오의 비판가에 더 가깝다.
과학자는 기후의 영향을 과장하기보다는 적게 추정할 가능성이 20배나 높다.	"기후 과학자들은 불안을 조성하는 자들이다."	체리 피킹: IPCC가 기후변화를 과대평가할 때만 선택적으로 보고 과소평가는 무시한다.
과학적 불확실성은 최적 추정치를 중심으로 가능한 수치의 범위를 말한다. 이는 기후 영향이 예상보다 더 심각할 수도 있다는 뜻이다.	"만약 과학적 불확실성이 있다면 우리는 행동을 취해선 안 된다."	성급한 결론: 우리가 위험의 정확한 수치를 모른다고 해서 위험이 존재하지 않는다는 뜻은 아니다.
기후 과학자들의 97%는 인간이 지구온난화를 일으킨다는 것에 동의한다.	"3만천 명의 과학자들이 인간이 초래한 지구온난화에 대해 논쟁하기 때문에 합의가 없다."	가짜 전문가: 기후 과학자가 아닌 사람들을 이용하여 존재하지 않는 과학적 논란이 이어지는 것 같은 인상을 준다. 과장된 소수: 3만천 명은 미국 자연과학 졸업생 모두의 0.3%밖에 되지 않는다.

진실	속설	오류
여러 연구가 1998 오리지널 하키 스틱을 입증했다.	"하키 스틱은 부러졌다."	체리 피킹: 하키 스틱을 입증하는 십여 년이 넘는 연구조사를 무시한다.
중세 온난기 동안 일부 지역에서 예외적으로 기온이 따듯하나 전체적으로 지구는 지금보다 기온이 훨씬 낮았다.	"중세 시대에 더 따듯했다."	체리 피킹: 중세 시대에 더 뜨거웠던 지역에만 집중하는 반면, 더 시원했던 지역은 무시한다.
기후 모델은 기본적인 물리 원칙에 기반하여 여러 번 성공적인 예측을 했다. 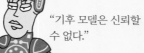	"기후 모델은 신뢰할 수 없다."	비현실적 기대치: 완벽한 모델은 없다. 그러나 이것은 과거를 재현하고 미래에 대한 통찰력을 제공해주는 유용한 도구이다.
1970년대 기후 연구조사의 대부분은 증가하는 온실가스에 의한 온난화를 예측했다.	"1970년대 과학자들은 다가오는 빙하기를 예측했다."	그릇된 설명: 1970년대의 빙하기 연구에 당시 압도적인 동의가 없었음에도 불구하고 합의가 있었던 것처럼 그린다.
기후 모델은 기후를 시뮬레이션한다. 기후는 오랜 시간에 걸쳐 평균을 낸 날씨이다.	"과학자들은 날씨를 예측할 수 없으므로 우리는 기후 모델도 믿을 수 없다."	레드 헤링: 날씨와 기후를 혼동하는 것은 단기적 날씨 예측이 장기적 기후 예측과는 연관성이 적다는 사실로부터 주의를 딴 데로 돌리는 것이다.
'기후 게이트'는 기후 부정론자들의 음모론적인 성향을 드러낸다.	"기후 게이트는 기후 과학자들 사이의 음모론을 드러냈다."	음모론: 부정론자들은 일상적인 과학적 토론을 세계적인 음모론으로 해석한다.
'마이크의 트릭'은 나무의 나이테 성장의 감소를 지칭하는 '감소 숨기기'와 아무런 관계가 없다. 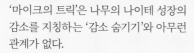	"과학자들은 지구 온도 하락을 숨기려 했다."	음모론: 논의 중인 과학을 이해하지 못한 채 앞뒤 정황 없이 문장을 떼어와서 맥락을 무시한 인용을 한 이메일을 가지고 과학자들이 무언가를 숨기고 있다고 믿는다.

과학 부정의 오류들

F

가짜 전문가

거짓 토론　과장된 소수

L

논리적 오류

레드 헤링　그릇된 설명　성급한 결론　미끄러운 경사면　인신 공격　지나친 단순화

복어　　　　　　　　　　　　　　　　　　　　　　잘못된 이분법

I

비현실적 기대치

낮춰진 기대치　골대 옮기기

C

체리 피킹

C

음모론

맥락을 무시한 인용　게으른 추론

| 감사의 말 |

이 책이 출간되기까지 도움을 준 피드백과 지지를 보내주신 분들께 감사드립니다.

아론 맥크라이트 (미시간 주립대학)

아담 소벨 (콜롬비아 대학)

벤 산터 (로렌스 리버모어 국립연구소)

바벨 윙클러 (스켑티컬 사이언스 Skeptical Science)

밥 헨슨 (원더그라운드 Wunderground)

브라이오니 스와이어-톰슨 (노스이스턴 대학)

캐리 핀 (퀸즐랜드 대학)

콘스탄틴 보우샐리스 (트리니티 칼리지, 더블린)

데이비드 핍그래스

데크 아른트 (미국 해양대기청)

에드 호킨스 (리딩 대학)

에드 메이바흐 (조지 메이슨 대학)

에릭 리그닛 (캘리포니아 대학, 어바인 시)

제네비브 수엔터 (EndClimateSilence.org)

이사벨라 벨리코나 (캘리포니아 대학, 어바인 시)

제이슨 박스 (덴마크와 그린란드의 지질학 설문조사)

제니퍼 프랜시스 (럿거스 대학)

조쉬 윌리스 (제트추진 연구소)

카샤 파텔 (나사)

켄 라이스 (에딘버러 대학)

크리스틴 팀 (조지 메이슨 대학)

마이클 맨 (펜실베니아 주립대학)

나오미 오레스케스 (하버드 대학)

파스칼 디에텔름 (옥시스위스)

피터 제이콥스 (조지 메이슨 대학)

샌더 반 더 린든 (캠브리지 대학)

사라 마이어 (워싱턴 대학)

스콘 만디아 (서포크 카운티 커뮤니티 칼리지)

사이몬 도너 (브리티쉬 콜롬비아 대학)

수잔 하솔

웬디 쿡

쇼람 바우만 (standupeconomist.com)

| 저자 소개 |

존 쿡(John Cook)은 호주 퀸즐랜드 대학에서 물리학 우등 학위를 받았다. (그는 학위를 마치는 동안, 종종 물리학 노트 한 켠에 만화를 그리곤 했다.)

졸업 후 그는 만화가와 그래픽 디자이너로 십여 년을 보냈다. 그러나 그는 과학으로부터 멀어지지 않고 그의 여가 시간 동안에는 기후 연구서를 읽고 잘못된 정보를 폭로하며 보냈다.

2007년에 존 쿡은 웹사이트 SkepticalScience.com (스켑티컬사이언스·회의적 과학)을 설립했으며, 어떻게 과학 부정론에 맞서 싸울지 탐색을 시작했다. 2016년 웨스턴 오스트레일리아 대학에서 인지과학 박사 학위를 받았다.

그는 예방접종, 또는 과학 부정론의 테크닉을 설명하는 것이 잘못된 정보를 무력화시키는 해결책이라는 것과 또한 평행 논법이 실행에 옮길 강력한 방법이라는 것을 알아냈다. 이것은 그를 두 가지 경력을 결합하도록 영감을 불어넣어 주었다. 이는 과학 부정론의 테크닉을 설명하기 위해 만화의 형태로 평행 논법을 이용하는 것이었다.

존 쿡은 현재 조지 메이슨 대학 '기후변화 커뮤니케이션 센터'에서 인지과학을 연구하는 조교수로 일하고 있다. 이곳에서 그는 잘못된 정보에 예방접종하기 위해 비판적 사고를 이용하는 연구를 진행함으로써 가짜 뉴스와 거짓된 정보에 맞서 싸우는 데 주력하고 있다.

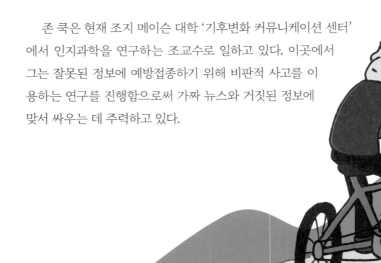

우리는 고집불통 삼촌의 마음을 바꿀 수 있을까?

기후위기, 과학이 말하다

1판 1쇄 인쇄 2021년 1월 5일
1판 1쇄 발행 2021년 1월 11일

지은이 존 쿡 옮긴이 홍소정
펴낸이 장종표

펴낸곳 도서출판 청송재
출판신고 2020년 2월 11일 제2020-000023호

주소 서울시 송파구 송파대로 201 테라타워2-B동 1620호
전화 02-881-5761 팩스 02-881-5764
이메일 sol@csjpub.com

값은 뒤표지에 있습니다.
ISBN 979-11-970125-3-2 03300